改訂版

厳選！
教員が使える
５つのカウンセリング

米田　薫／著

ほんの森出版

もくじ

はじめに…5

第1章　教員に適したカウンセリングとは

1 教員に適したカウンセリングを学ぼう…10

カウンセリングを学ぶと自己変革ができる…10

教員向きのカウンセリングがある…11

問題対応だけでなく、子どもが未来を拓く力も育てよう…12

理論と技法が一致した指導で、教員と子どもの生きがいを育てよう…14

2 カウンセリングの何をどう学ぶか…16

学び方が大切…16

個と集団の両方にかかわる力をつけよう…17

不易と流行を押さえて学ぶ…18

自らの課題に応じたもの、趣味に終わらず日常で実践できるもの…19

実践的に学ぶにはどうすればよいのか…20

第2章　厳選！ 核となる5つのカウンセリング

1 基本となる三段階の接し方をマスターしよう

── 教員が使うカウンセリングの基礎基本…24

よい指導・援助のベースにあるもの…24

三段階の接し方とは何か…25

三段階の接し方は、順序を守ることが大切…31

三段階の接し方を練習しよう…32

個の指導も集団づくりにも通じる…38

2 構成的グループエンカウンター
──自他発見を深め、ふれあいのある人間関係を育てよう…*42*
人間関係づくりは構成的グループエンカウンターから…*42*
流れは、インストラクション→エクササイズ→シェアリング＋必要な介入…*46*
シェアリングはエンカウンターの命…*50*
シェアリングの紙上練習問題…*55*
実践初期の留意点…*59*
質の高いエンカウンターの実践をめざして…*63*

3 ソリューション・フォーカスト・アプローチ
──原因を深追いせずに解決をめざそう…*68*
ブリーフセラピーとは…*68*
ソリューションの考え方…*69*
ソリューションのこのツボを押さえておこう…*74*
ソリューションの基本的な流れ…*79*
相手を見つけて練習しよう…*89*
ソリューションを用いる際にしくじりやすい点とその対策…*91*
ソリューションの面接のポイント…*94*

4 ソーシャルスキル教育
──日常生活での人間関係のコツを教えよう…*98*
なぜソーシャルスキル教育が必要か…*98*
ソーシャルスキル教育の流れ…*100*
ソーシャルスキル教育の授業の実際…*106*

ソーシャルスキル教育の実施上の留意点…109
「問題解決スキル」を育てるワークシートを用いた取り組みの例…112
「怒りの感情をコントロールする」ことをめざす取り組みの例…116

5 選択理論心理学
―― 内発的な動機づけを高めて自主性を育てよう…120

生きる力を育てる選択理論心理学…120
選択理論心理学の特徴…126
5つの基本的欲求をバランスよく満たそう…128
基本的欲求を具体化した「願望」…132
実践事例 ―― トラブルメーカーだった太郎君のケース…134
選択理論心理学の実践のポイント…136
クオリティ・スクール…139

付章　クラスの状態をアセスメントする Q-U を活用しよう

Q-Uとは何か…144
Q-Uの使い方…146
Q-Uの使い方の流れ…150

資料　更なる学びへの招待…153

おわりに…156

はじめに

> **改訂にあたり**
>
> 　私は、教育相談や適応指導教室を担当するにあたり、必要に迫られてカウンセリングを学びました。そこから得たものは、きっと学校の先生にも役立つから伝えたいと思って書いたものが本書です。でも、日が経つにつれ、書き足したいことや書き直したいことが出てきます。以前、「改訂したい」と伝えると、編集長が読み直してくださり、「よくできている。書き直す必要を感じない」と返事をもらったことがあります。今回の改訂版作成にあたり、読み返してみて、我田引水ですが編集長が言ってくださったとおりだと感じました。
>
> 　ですから、改訂は必要最小限の変更にとどめ、初めてカウンセリングを学ぼうとする先生にもわかりやすいように心がけました。

カウンセリングが持つ力

　はじめに、この本で紹介するカウンセリングの素晴らしさを知っていただくために、私のカウンセリングとの出会いについて述べます。

　私は以前、中学校教員をしていました。新任の頃は、自分で言うのも何ですが、子どもと共に歩む熱血教師でした。でも、仕事に慣れるにしたがって指示や命令が増え、子どもたちとの間に溝ができていきました。「今どきの子どもは変わった」と感じるようになった頃、教育委員会に来るように声をかけられました。「これも潮時」と感じ、勤めていた市の指導主事になりました。

　そして、そこで教育相談担当を命じられ、初めてカウンセリングに触れました。当時の私には「カウンセリングは胡散臭い」という偏見がありました。「週に1回小1時間、小部屋にこもって『こんなことがつらいの』『それはつらいねぇ』というようなやりとりをして、何になるの」と思っていました。

　ところが教育センターで教育相談を間近で見ると、中学生の我が子から暴力を受け、顔や体にアザができて自殺しかねないほど鬱々としたお母さん

が、相談に来られるごとに元気になってシャンとなっていったり、小学生が「おねしょしちゃうから修学旅行に行けない。学校にも行きたくない」と言っていたのが治ってしまうなど、魔法を見るような結果を目の当たりにしたのです。「これはすごい」と思い、自分も勉強しようと学び始めました。

カウンセリングが人生を変えた

はじめに学んだのが構成的グループエンカウンターでした。押しかけて行って國分康孝先生から学びました。先生の教えに心酔するほどに、先生の教えである「在りたいように生きる」が指導主事でできるのかと自問自答を繰り返し、ついにフリーター覚悟で教育長に辞表を出してしまいました。

その後、大学教員の職を探しておりましたら函館大学で雇ってもらえて、その後もあちこちの大学にお世話になることができるようになりました。

実は、私の幼少時、団地の4階に住んでいたのですが、2階に神戸大学の渋くてかっこいい先生がおられて可愛がってもらっていました。素敵なお姉さんと、まさに「奥様」という印象の小学校の先生をしておられるお母様がおられ、「大学の先生ってかっこいい」とフカフカのソファーに座らせてもらいながらあこがれていました。このあこがれが「大学の先生になりたい」という気持ちになり、大学院まで進ませてくれました。でも大学院では自分の能力のなさを痛感し、到底無理だとあきらめ、その気持ちを封印しました。

ところが、指導主事になった4月に「管理職は自分に一番不向き」と悟り、「自分がなりたいものは何か」を考え抜いた結果、元の夢に立ち返り、長い回り道はしましたが、あこがれだった大学教員になることができました。奇しくも配偶者も小学校教員で、まさに幼少期のあこがれを実現していることに気づいたときは、自分でもびっくりしました。これは、カウンセリングを学んで、人生キャリアで「したいこと」と「できないこと」の鎖を切って夢の実現に向かって進んだ成果です。もし私がカウンセリングを学んでいなければ、管理職の仕事を愚痴りながら続けていたに違いありません。以前の私には、安定した職を投げ打つ決断力も実行力もなかったからです。「カウンセリングは、人生をよりよいものにしてくれる！　これを人にも伝えよう」と思ったのが、この本の企画の出発点の1つです。

教員のためのカウンセリング

　企画の出発点は、もう1つあります。それは「学校の先生に適したカウンセリングを伝えたい」ということです。全国の教育センターなどの研修には「学校カウンセリング」や「教育相談」といった講座名のものが必ずといっていいほど開催され、しかも1つのセンターに複数の講座が開かれていたり、内容も多岐わたるものが少なくありません。また、教員免許を取得する要件科目にも設定され、教育領域のカウンセリングの重要性は衆目の一致するところでしょう。

　でも、学校内で十分に根づいているとは言えません。私がカウンセリングを学び始めた頃、「教育相談研修を受けてどうでしたか？」と尋ねたところ、「勉強になった」「ためになった」「大変だとわかった」といった答えが多く、「教育相談ができるようになった」「子どもとの接し方や授業を改善できた」「自分の人生に役立つ」というような答えは聞けませんでした。自ら教育相談研修を担当し、「なぜ研修を受けても活かせないのか？」「どうすれば、教員が時間を割いて受講するに足る研修になるのか」を考えました。

　その結果、これまでの研修の問題がわかりました。内容が総花的だったり、単発だったり、教育領域で有効なものに絞られていなかったり、マンツーマンに近い形で学ばなければ身につかないのに講義だけだったり、トピックを一時的に扱っていて一貫性がなかったりしていたのです。学校の実情を踏まえて教育活動全般に役立つものであること、教員はカウンセリングだけをやっているわけではないので比較的短時間に習得できるものであること、この2点をはずすと役立つ研修にはならないのです。

　ここで、普通なら決めた方針で講師を探すでしょう。しかし、私がいろいろ見聞して「これが教員に向いているカウンセリングだ」と自信が持てる内容で研修できる講師が、当時の大阪や関西にはあまり見当たりませんでした。また、講師の目処がついても、いくら短期間に修得できるものでも1回の研修では無理なので何回か来てもらう必要がありますが、予算がありません。

　そんなこんなで煮詰まっている頃、先生方から「あなたが習ってきて教えてくれたらいい」と言われました。「その手があったか！　それなら融通が

利くし、自分のためにもなる」と思い、所長からも「教育センターの指導主事は高いレベルで『これができます』と言える『看板』がないといけない。今、それがないのだったら、それをつくるんだよ」と後押ししてもらったこともあり、それ以降数年間、時間をやりくりして年収の1割以上、額にすると7桁のお金を配偶者に内緒でつぎ込んでカウンセリングを学びました。

そうこうするうちに勤務地で研修を担当するようになり、さらに、あちこちから研修の講師依頼を受けるようになりました。そして、研修先で「何か感想や意見はありませんか」と尋ねると、先生方から「この研修でやっていることを本にしてください」とたびたび頼まれるようになりました。

本書がめざすもの

この本は、そういうご希望に添うべく、「集団づくりの手法が学びたい」「課題のある子どもの役に立ちたい」「保護者や同僚を支援したい」と私が一から学び始めた学校に適したカウンセリングをお伝えします。

もう一度まとめますと、この本でめざしていることは次の3点です。
①教員が担うべきカウンセリングに絞って理論と技法をマスターする。
②それを基盤に、目的を明確に持ってそれを達成する適切な指導・援助ができるようになる。
③学校での教育相談活動の場だけではなく、すべての教育活動を上質なものにし、さらに人生をよりよいものにする。

「そんな大それたことをめざしているの？」と思った方がいらっしゃるかもしれません。でも一緒に学んでいただければ、そうなります。先ほども述べたように、私がカウンセリングを学んで一番よかったことは、私自身が変われたことです。生きるのが楽しくなりましたし、打たれ強くなりましたし、人間関係がよくなりました。

構成は、読んでいただいて「これはできそうだ、やってみよう」と意欲が湧き、やってみて「なるほど、ここはそんなふうにするのか」と実践力が向上するものになるように工夫しています。もちろん、順番に読んでいただくことを想定していますが、課題に感じておられる部分から読み進めていただいても構いません。どうぞ、最後までお付き合いください。

第1章
教員に適した
カウンセリングとは

1 教員に適したカウンセリングを学ぼう

カウンセリングを学ぶと自己変革ができる

　私がカウンセリングを学んで一番よかったと思うことは、人様のお役に立てる前に、自分自身にとって役に立ったということです。学び始める以前に比べて、生きるのが楽しくなったという実感があります。

　昔の私は、偉大な文学者に例えるのは不遜千万ですが、自分で「川端康成の生まれ変わりみたいだ」というほど苦悩するのに時間を費やしていました。大学生になる頃までは人生に悲観して死ぬことばかり考えていましたし、中学校の教員になってからも様々な出来事に対して悩むのが癖になっていました。新任3年目から3年連続で3年生の担任をしたのですが、頭からは毛が抜け落ち、新任の頃にはそれなりに熱血先生だったのに、内面的には生ける屍のようになってしまい、教育という仕事に腰が引けた状態が数年にわたって続いていました。

　でもそれが、カウンセリングを学ぶことで変わることができたのです。

　以前のガラスのように壊れやすく繊細な面が減ってタフになってきましたし、物事に対して長期間にわたってクヨクヨ悲観したり、ちょっとしたことに激怒したりすることが激減し、穏やかな気持ちでいられることが増えました。「生きていること自体が素晴らしいことだ」、そんな気持ちが持てるようになったのです。ありたい自分を見つめて「過去や他人のせいにしない」こ

とや、問題にぶつかったときの解決のスキルが身に付いてきたのです。

　教育学では学べない種類の子どもと接する方法が手に入ればいいと思って始めたカウンセリングの学びが、私の人生を変革してくれたのです。そして、「カウンセリングって、すごく自分自身のためになるなぁ」と感じる頃には、それまでの能力が低かったのだと言われるとそれまでですが、以前の自分からは想像できない他者への援助スキルが身に付いてきたのです。小さい頃から食べていたお菓子のキャッチフレーズに「一粒で二度おいしい」というものがありましたが、まさにそういう実感だったのです。

　そして、だんだん「一人占めしていたらもったいないし、仲間が増えたら仕事がしやすくなる」と思うようになって、自分が学んだことを伝えるようになったというわけです。

教員向きのカウンセリングがある

　以前、全国の教育相談研修について調べてみたのですが、かなりの研修が「その内容って臨床心理士がするカウンセリングじゃないの？」とか「1回だけの講義でいろいろな知識だけ伝達しても、練習しなけりゃ対人援助の技法である実際のカウンセリングができるわけないじゃん」という代物でした。「甲子園に出たい」という願いを果たすためにソフトボール部に入って汗を流しているというような感じで、「すべてが全然役に立たないわけじゃないだろうけれど、かえって足を引っ張るものも含まれている」、そんな印象の研修が少なくありませんでした。「なるほど、それで受講生に『カウンセリング研修はどうでした？』って聞いても歯切れのいい答えが返ってこなかったんだ」と納得しました。

　面接室にクライエント（相談者）が週に1回通ってきてくれる臨床心理士と教員は違うのです。なのに、実施されているものは「ミニミニ臨床心理士養成講座」とでもいうべきものだったのです。教員が学んで使いこなせる内容や構成になっていなかったのです。

　カウンセリングには多くの理論がありますが、その中から教育領域で有効なものに絞らなければ無駄が多くなります。はじめから「労多くして益少な

し」では、知らずに学ばされたほうはいい迷惑です。一昔前に「教育相談研修を受けてきた先生は子どもを受け入れるばかりで指導にならず、担任するとクラスが荒れたりして困る」と批判を受けたことがあると聞きましたが、まさにその原因を見る思いでした。

　私はいろいろなカウンセリングを見聞してきましたが、教員には教員向けのカウンセリングがあると強く感じています。種々のカウンセリング理論の中から取捨選択して、教員向けの、教員だからこそできるカウンセリングを学ばなければ、骨折り損です。

　「教員には教員向きのカウンセリングがある。それをマスターしよう！」というのが本書のねらいです。

問題対応だけでなく、子どもが未来を拓く力も育てよう

　「カウンセリングってどういうイメージですか」と先生方にお尋ねすると、「つらくなった心を癒すもの」「うつなどを治すもの」「夜尿など病的な症状を軽減させるもの」など、特定の人を対象とするものだとお考えの方がおられます。カウンセリングは、大きく分けると２つの領域があると言えますが、そちらは「治すカウンセリング」と言い、臨床心理士が担当する分野です。これを教員が勉強する必要は特段ありません。臨床心理士に任せればよいのです。

　教員が担当しないといけないのは、もう一方の領域である「育てるカウンセリング」です。こちらは、生徒や保護者全員を、ときには同僚も対象とするカウンセリングで、集団的援助と個人的援助の両方があります。「現実原則に従いながら、快楽原則を自力で満たせるようになる」援助をめざすものです。どんな領域があるのかというと次の３つになります。

(1) 問題解決的カウンセリング

　まず、１つは「問題解決的カウンセリング」です。たとえば、中学２年生が「クラブの新チームのキャプテンに任命されたけど、みんなが言うことを聞いてくれない。どうしたらいいんだろう」とか、複数の子どもを育てい

るお母さんが「下の子に手がかかって、上の子には我慢させてばかりで、子どもを平等に愛せていないのではないか」といったように、人生で誰もが遭遇する問題（発達課題）を解くための援助、つまり、「転んだときに起こしてあげる援助」です。

(2) 予防的カウンセリング

2つめは「予防的カウンセリング」です。まだ顕在化していない問題に対して、それが生じないように予防する援助、つまり、「転ばぬ先の杖」を与える援助です。たとえば、ニュージーランドへのホームステイの前に「ニュージーランドでは家族は協力して家事を分担するのが普通なので、ホームステイ先で『芝生を刈って』『犬の散歩に行ってくれる？』とか言われたら、それは家族扱いされているということです」と話しておけば、当地で「お金を払っているのにいろいろ家事をやらされて『お手伝いさん』扱いされた」というような誤解は防げます。入学前のガイダンスや性教育の中で望まない妊娠を防ぐことを教えたりすることなどがこれにあたります。

(3) 開発的カウンセリング

3つめは「開発的カウンセリング」です。自他理解とふれあいのある人間関係を育てる構成的グループエンカウンターや、人間関係のコツを教えるソーシャルスキル教育等の資質の成長を促す援助、転んでも自分で起きられるようにしてあげる援助です。この開発的カウンセリングは教員が受け持つもので、将来的にその子どもが困った状況に追い込まれる可能性を減らし、よりよい人生を歩める力量をつけていきます。

どうでしょうか。教員の担当すべきカウンセリングの領域と、スクールカウンセラーや教育センターのカウンセラーが担当する領域が異なるということが理解いただけましたでしょうか。

ご参考までに、図にまとめたものを次ページに示しておきます。

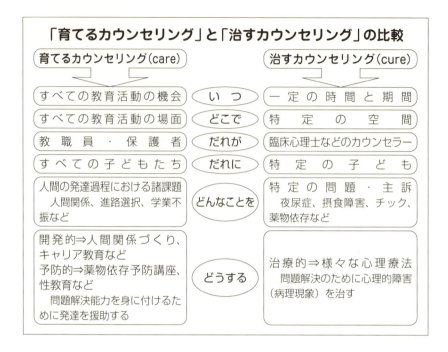

理論と技法が一致した指導で、教員と子どもの生きがいを育てよう

(1) カウンセリングは理論と技法が一体

　カウンセリングを学んでみて私が大いに気に入ったことは、カウンセリングは理論と技法が一体化していて「今、こういう言動をすることの理論的背景はこうだ」ということが明快なことでした。私が学んだ教育学は、私の学び方が悪かったのだと思いますが、理論が先行して「理想は高邁だが、それをどう自分で実践していっていいのかが不明」なものや、逆に「具体的な実践はよくわかったが、自分のクラスにどう適用していいかがわからない」といった応用が利かないものが多かったように感じます。就職してから「あれは学んでおいてよかった」と感じたものはありませんでした。

　ところがカウンセリングは、理論と実践がほどよい形でセットになっているのです。これにはびっくり仰天しましたが、これこそ教育の世界に切に求

められているものだと実感したものです。

(2) 理論があれば先が読め、ぶれない軸を持って具体に動ける

　経験と勘に頼るしかない、力量のある先生に任すしかないと思っていたようなケースでも、実際場面で使える理論を持っていると、先が読めて具体に動けるようになりますし、指導・援助に一貫性が持ててぶれが少なくなります。ぶれない軸が持てるのです。これがあると応用が利くようになり、今まで対処することが苦手だった問題にも立ち向かえるようになりますし、他者に自分がしようと思うことを伝えやすくなります。

　なかには「なんでもかんでもマニュアルか」と言う人がいますが、ノウハウがなさ過ぎてはプロとは言えません。ベースランニングもキャッチボールもしたことのない人が野球の試合に出て、いきなり芸術的なプレーをして活躍することはまず考えられないことです。基本もないのに応用が利くはずがないのです。せいぜい、行き当たりばったりでバットを出したら、ボールから当たりに来てくれる、その程度の活躍しか期待できないのが実情でしょう。基礎・基本がきちんとできてこそ、その力を背景に高い応用力が育つというものです。

2 カウンセリングの何をどう学ぶか

学び方が大切

　教員はカウンセリングだけが仕事ではありませんので、学んだカウンセリングが教員生活全体に貢献するものを学んだほうが効果的です。たとえば、私は、選択理論心理学（リアリティセラピー）を学んでカウンセリングができるようになりましたが、それよりも選択理論心理学を学んだことで生きるのが随分楽になったことに価値があったと感じています。また、構成的グループエンカウンターを学んだことで自己理解が深まったり、授業の質が飛躍的に向上したと感じています。さらに、ソーシャルスキル教育を学んだことで、問題解決のステップを用いて自分の問題を整理する能力が改善され、正しく考えるのに時間を取るので、悩む時間が大幅に減りました。

　カウンセリングを学んで悪いことがあるとすれば、私は両親の介護でボロボロになったり将来が約束されているのに仕事をやめたりと、結構波乱の人生を歩んでいるのですが、ニコニコしていることが多く、苦労知らずのヘラヘラしたお調子者という印象を与えることが少なくないことくらいでしょうか。「頑張ったねぇ、努力したねぇ」と言われずに、「うまいことやったなぁ、あやかりたいわ」と言われてしまうんです。「ぼくだって、それなりに努力しているんだよぉ」と訴えたくなりますが、「他人の目をコントロールすることはできない」ので、仕方ないですね。先日も次男と三男に私のちょっと

した生い立ちを語っていましたら、2人とも同じような反応で、「順風満帆で調子よくブイブイと生きているのかと思っていたので、ものすごくイメージが変わった」と言っておりました。

　と、少し話が脱線しかけていますが、本論に戻りまして、学校で使えるカウンセリングを学ぼうと志した方は、「学校で使いこなせるものであること」と、「限られた時間で理論と技法が修得できるものを学ぶ」ということに加えて、以下の事柄に留意なさるとよいと思います。
・個と集団の両面からアプローチできる資質を高められるものを学ぶ。
・それを用いることで子どもや保護者が元気になれるものを学ぶ。
・1つの理論と技法に精通し、それを広げて複数の理論と技法を使いこなせるように学びを深める。
・実践しながら継続して学べる環境を手に入れる。

個と集団の両方にかかわる力をつけよう

　教員はカウンセラーと違い、子ども一人ひとりとではなく、子ども集団と接している時間が圧倒的に長いのです。子どもや保護者と1対1で個人面談する時間は限られています。個別面接の技法を学ぶことは重要ですが、そればかり学んでも、働いているほとんどの時間では使わないものになります。それよりも、授業やクラス経営に生かせるものを学ぶことが必要です。

　先日も、この話をある市教委の研修担当の指導主事の先生にしていましたら、「やはり集団を対象にする構成的グループエンカウンターの研修を受けて、それができるようになってから個別面接の方法を学んでいく研修を受けるように研修体系をつくることが大切なのでしょうか」と尋ねられました。

　私はそのとき、「いや、両方を並行して学ぶことが大切です。個別面接の学びの中には集団をリードしていく上で役に立つものがあるし、集団対象のカウンセリングを体験的に学ぶことは自己理解を深めることになり、それが個別面接を進めていく上で貢献するので相乗作用があるのです」とお答えしました。やはり、私たち教員は、個と集団の両方にアプローチできるようにならなければプロとして話にならない、というのが私の結論です。

幸いなことに、この考え方は時代の流れになっていると言えます。全国の教育相談研修を調べた後に8年ほどたって大学教員になり、再び全国の研修を調べてみましたら、多くの都道府県で、個と集団に対応できる力量を高めるためのもの、学校で求められているもの、先生方のニーズに応じたものへと大幅に修正が図られていました。

不易と流行を押さえて学ぶ

カウンセリングの世界では、様々な課題に対して次々と新しい手法が編み出され、日進月歩の様相を呈しています。初めてカウンセリングを学ぼうという方にとっては、どれを学んだらよいのか見当がつかないと思います。そうなると、目にすることの多い、聞いたことのある、教育委員会主催の無料で受けられるものから学んでみようということになります。基本的にはその方向でよいと思いますが、教育委員会の研修は曲者であることもあります。

というのは、教育相談研修の担当指導主事が「門外漢」であることがあるからです。もし、門外漢であれば、来年度の研修の予算案を策定するときには大抵、「今年と同じにしておこう」となりますし、ちょっと気が利く担当者であれば他の自治体の研修内容をまねしたり、教育相談の雑誌に目を通して目新しい研修を入れて「目玉」にしたりするでしょう。どちらにせよ、研修担当者が素人では、教員が学ぶべきものを継続的に学べる研修体系を構築していこうというようにはなりません。研修の「目玉」に振り回されて、つまり、そのときどきのカウンセリング界の流行に流されて次々に新しいものに飛びつくだけで、実質的に力量が向上しない人が意外に多いように思います。

もちろん、学校で起こる新しい問題や課題に対応するために新規の学習に取り組むことも重要なのですが、不易の部分である「自己理解を深めること」や、どの理論であれカウンセリングの基礎を学んでそのスキルを高めることを地道にやっていかないと、「いろいろなことを知ってはいるけれど、どれ1つとして実際に使えるものはない」状態に陥ります。「急がば回れ」という言葉をかみ締めて、自分自身の状態に応じた研修計画を立てることが何よりも必要です。

その点、私は構成的グループエンカウンターから学び始めて、自己理解を深めるように励まされて研修を積みつつ、並行して選択理論心理学（リアリティセラピー）やブリーフセラピーを学んでカウンセリングスキルを身に付け、それらが一定のレベルに達したと思う頃にソーシャルスキル教育をさらに学ぶことができました。「自己理解を深めること」と「カウンセリングスキルを習得すること」というカウンセリングの学びの両輪をよいバランスで身に付けることができて、とても幸運でした。

自らの課題に応じたもの、趣味に終わらず日常で実践できるもの

　教育相談研修に行ったときに担当の指導主事の先生から聞かされる悩みの多くは、教育相談研修は「実施しても受講者個人のためにしかなっていなくて、学校全体に広がっていかない」「全体に広がらなくても受講者の資質向上になっていればよいが、受講者の知識欲の充足の場や『癒しの時間』にしかなっていない」というものです。

　これは由々しき問題です。研修を受けている教員は公務員の身分の方が多いと思いますが、税金で雇われている職員が税金を使った研修を受けて、それを自分のものだけ、自分の趣味の域にとどめているのであれば、納税者の理解は得られません。最低限、「こんな研修を受けて校内でも広めるとよいと思います」と管理職に進言したり、許可を得て当日の資料を増刷して職員室の各教員の机上に配る程度のことはしたいものです。そして、受講しただけでなく、日常で実践して実力アップを図っていただきたいものです。

　ちなみに、私が請け負っている研修のいくつかは、基礎講座は学んだことを実践してレポートを出して私にOKをもらって初めて修了、中級講座は実践だけでなく同僚や学年に研修内容を広めること、上級講座は校内研修の講師を務めることを修了条件にしてもらっています。受講者の先生方の大方の感想は、「中級くらいからはつらくて泣きそう。でも、頭も心も体もフルに使って実践力が付く」というものです。つらいことも乗り越えて続けてこそモノになるというのは、他の多くの技能と共通するものかもしれません。

　この本をお読みになって学んだことも含めて、学んだことは実践し、学年

や有志の先生方の研修会や校内研修の機会があれば、ぜひ、自己修行の一環として講師を務める機会を積極的に持ってみてください。

実践的に学ぶにはどうすればよいのか

(1) 得意技を身に付ける

　基礎・基本を地道に練習することは、多くの物事を遂行するに当たっての要諦だと思われますが、それだけではなかなか自信が得られないし、実践力が身に付きません。どの分野でもよいので、まず先行してできるところ、つまり得意分野をつくるとよいと思います。野球部員として、走り込んだり、素振りをしたり、バントや守備の練習をすることも大切ですが、何か得意なことを特に練習して、代打や代走、守備要員でいいから試合に出ることをめざして頑張り、ゆくゆくはレギュラーの座を狙おうという戦略と同じです。

　学校で用いられるカウンセリングの領域はとても広いので、もとよりオールマイティにできるということは至難の業です。でも、一から十までできないことだらけだと、「こんなことを質問したら『なんだ、この人は、こんなこともわかっていないのか』って思われないかなぁ」などと疑心暗鬼になって不明点を尋ねにくかったりします。得意分野があると、「あれはわかるんだけれど、ここはわからないから教えてよ」と聞きやすくなります。構成的グループエンカウンターでも解決志向ブリーフセラピーでも何でもよいので、どこか突破口となる得意技を身に付けていきましょう。

(2) 身銭を切る

　先に私は年収の1割以上を費やしてカウンセリングを学んでいたということをお伝えしましたが、この「身銭を切って習う」行為が学ぶ上でとても重要だったと思います。私の大阪人としての「使ったお金は元を取らなあかん」という信念が、モチベーションを維持するのに貢献してくれたことは間違いありません。教育委員会などが主催する研修は、基本的に無料で受講できることになっています。ですから希望研修であっても、どこか受け身で、「役に立ったらそれはそれでいいけど、別に役に立たなくてもどうってこと

はない」という気持ちが潜んでいることが多いのではないでしょうか。「研修を受けたら2〜3日はできるけれど、忘れちゃうのよねぇ」という声も聞きます。自費で数万円払って受講したのに2〜3日で忘れそうになったら、もったいなくて、腹が立って復習しますもん。ご本人にとっても主催者にとっても、もったいない話です。私は、自分たちで集まってお金を出し合って講師を呼び、自分たちが学びたい研修会を開くのが一番効果的だと思います。

(3) 数をこなす

　私は必要に迫られてではありますが、教育センターで訪問教育相談を一手に引き受けている状態の時期がありました。そのとき、びっくりするくらいたくさんのカウンセリングを担当していました。自分で言うのもおかしいですが、その期間にカウンセリングの技能が飛躍的に向上したと思います。

　スポーツで、基礎練習ばかりしていても上手にならないので練習試合を数多く取り入れるという手段をとるのと同じで、学んだことを実際に使いこなさないと身に付きません。はじめはどういった流れでカウンセリングを進めるか、手帳のメモを見ながら教育相談に応じていた私ですが、毎日毎日たくさんのケースに対応するようになると、自然と「次の一手」が見えてくるようになりました。数をこなすことは大切です。「習うより慣れろ」です。

　構成的グループエンカウンターであれば、年1回、学級びらきのときにやるだけでは上達は見込めません。毎週月曜日の朝の会で5〜10分間のミニエクササイズをやり続ける取り組みをめざしましょう。

(4) 得意技を補完する技を習得する

　たとえば、担任している今年のクラスでなかなか打ち解け合えない雰囲気が続いていたとしますと、今、学ぶべきは構成的グループエンカウンターということになります。そこで、本を読んだり研修に出たりして自分なりに実践すると、それなりにできるように力量が付いていきます。でも、先輩の実践を見せてもらうと「シェアリングの質と深みが違いすぎる。なぜ子どもたち同士の発言があんなに多いの？」というような壁に突き当たります。

　こういうとき、さらに構成的グループエンカウンターの宿泊研修に参加し

たりすることももちろん大切なのですが、案外、個別面接のカウンセリングの研修を積むとシェアリングが上達したりします。「よく見たら、先輩のシェアリングって、個別のカウンセリングの手法を集団の中で応用しているんだな」というようなことがわかってくるのです。

このように、構成的グループエンカウンターは集団対象として学び、選択理論心理学は個別対象のカウンセリングの手法として学ぶというように割り切らずに、相互をつなげ統合することをめざすのです。得意技ができてきたら、それを補完するものを学ぶことをお勧めします。

また、カウンセリングの基本的な方向としては未来をめざす解決志向ブリーフセラピーで面接するが、どうしても過去を振り返りたい人には内観法を勧めるというように、複数のカウンセリングを学んで、相談者に応じた手法でカウンセリングできるようになることをめざすことも大切です。

(5) さらに得意技に磨きをかけるために「教える」

教員研修の講師を教育委員会の指導主事が務めることがよくあります。私が指導主事をしていた頃、私の所属している教育委員会ではありませんでしたが、他所ではその領域の専門家でない指導主事を講師にしている研修が少なくないのに気づいて、「その領域のことを少しかじった程度の講師の研修を受けさせられる先生方はたまったもんじゃない」と上司に話したことがあります。そのとき上司は、「指導主事に講師をさせるのは、指導主事に勉強する機会を与えるためだよ。教える側が一番勉強になるから」と教えてくれました。「なるほど、そういう意味か」と妙に納得したのを覚えています。

私も同じような経験があったからです。私は学生時代、町道場に通って合気道を習っていました。中学校の教員になって、同僚と合気道部を設立して子どもたちに教えるようになって、自分がわかっていなかったことがあることに気づいたり、どうやったらできるようになるかを考えているうちに、こちらも向上したりといったことを体験したことがあったのです。

教えることは、自分自身を向上させる力があります。それはカウンセリングの学びも同様です。学んだことを他の方に教えてみることで、自分の技量を高めるのに役立たせることが随分できるものです。

第2章
厳選！
核となる
5つのカウンセリング

1 基本となる三段階の接し方をマスターしよう

——教員が使うカウンセリングの基礎基本

　カウンセリング理論といっても、その数は膨大です。本書は、私が学んで「これだ！」と感じて教育相談で実践しているものをお伝えするのが目的です。はじめに、本書で紹介するカウンセリングに共通する基盤となる理論を紹介します。

　「これを知らなきゃ、始まらない」という土台となるもの、それがこの三段階の接し方です。

よい指導・援助のベースにあるもの

　よい人間関係は教育活動の基盤です。子どもや保護者との良好な人間関係なくして学校教育は成り立ちません。「今どきの子どもは難しい。何をするのか、何を考えているかわからない」と嘆くのではなく、人間関係を築いて、相手の願いや取り組んでいることを理解した上で教育活動を展開していかなければなりません。よい人間関係、すなわち心のふれあいのある人間関係（リレーション）があると、心が安定し、それに伴って我慢する力や欲求不満耐性も向上しますし、自己表現能力や学習意欲も高まります。

　よい人間関係を築きつつ指導・援助するためには、「はじめに」でも述べたように、カウンセリング理論を学んで指導・援助の目的や方向性を明確にすること、そしてその目的や方向性に沿った技法を用いて実践を進めていくことが大切です。

ここで紹介する三段階の接し方は、よい人間関係を築きつつ指導・援助が行える、すべての指導・援助の基礎となるものです。
　では、指導・援助もできて人間関係も築かれる一石二鳥の方法を学んでまいりましょう。

三段階の接し方とは何か

　三段階の接し方は、私が構成的グループエンカウンターを師事した國分康孝先生が提唱する、リレーション（よい人間関係）を育てつつカウンセリングする道筋で、「ワンネス・ウィネス・アイネス」と教えられました。個と集団の双方に適用できる指導・援助の方法です。
　それでは、まず三段階の接し方とは何かを紹介し、次に実際に読者の皆さんに紙上練習をしていただきましょう。

第一段階　相手の身になる努力をしよう　響く

　まずはじめに、自他一体の境地をめざして相手の気持ちをわかろうと努力します。相手の世界を相手の目で見ようとすること、「教えよう」とする前に「わかろう」とすることとも言えます。
　ここで大事なことは、「あなたの気持ち、わかるよ」というような、歯の浮くようなことを言うことではないということです。「相手と私とは違う人格なので、決して相手の身になりきることはできない」という前提は了解しつつ、わかる努力をする営みなのです。
　「そんなことなら言われなくても知っているよ」という方が多いのですが、わかっているのと実践できているかどうかは別物です。私が教育相談で接した子どもたちから聞いた話では、ほとんどの大人は大人の考えをわからせようとすることが先行しているし、かかわりの大半はそれだと感じています。大人は子どもと話し合っているつもりでも、子どもからすると一方的に話を聞かされているだけという印象なのです。
　具体的に説明するのに、店からの通報で、その店で万引きした子どもを引き取りに行って指導する場面を考えてみましょう。

私の新任教員時代ならば、「だめじゃないか、お店の方にちゃんと謝りなさい。二度とするんじゃないぞ！」ときつく叱るだけで指導できましたが、今はいきなりそんな指導は無理という場合が多くなってきているのではないでしょうか。
　今は、下手をすると現場をおさえても、万引きを認めさせることすら難しいという状況になっています。たとえばこんな感じです。
先生「こら、君、店のものを勝手に盗ったらダメじゃないか！」
子ども「はぁ？」
先生「『はぁ？』じゃないよ。君は店の売り物をそのカバンの中に入れたんだろう！」
子ども「何のこと？」
先生「とぼけるんじゃない。じゃあ、カバンの中から出てきたこの品物は何なんだ！」
子ども「だからぁ、勝手に入ったんじゃないの？」
先生「いい加減にしろ！　こんなものが勝手にカバンの中に入るわけないじゃないか！」
子ども「わかったよ、金を払ったらいいんでしょ」
先生「そういう問題じゃないだろう！！！」
店員「スイマセン、店で大声を出さないでいただけますか」
先生「君のせいで俺まで怒られたじゃないか」
　こういうことが日本全国で繰り返されているようです。
　ではどうすればよいのでしょうか。
　いきなり叱りつけるのではなく、まず、この子どもの身になってみるのです。この場合だと、

> 「『こんなことはしたらダメ』ってわかっている君がしたんだから、『すごく今日はむしゃくしゃしていた』とか、せずにはおれない理由とか事情があったんだろうね」

と、なります。

言い方はもっとシンプルに「どうしたの、今日は？」でもいいと思いますが、「あなたには、これをするに至る事情があったのではないですか」という相手の身になる切り出し方が大切です。こう言うと、相手にとっては「あっ、自分のことをわかろうとしてくれているんだ」という伝わり方がしますので、「叱られる！」とか「怒られる！」と身構えていた気持ちが楽になりますし、話しやすくなります。

相手の身に立てるようになるためには

　相手の身になるためのポイントについて解説します。

　まず、第一に、批判を手放すことです。相手を批判する気持ちがあると、相手の身になることを成立させるのは難しくなります。後ほど紹介する選択理論心理学では「批判からは上質なものは生まれない」と考えます。うわべだけでなく、本心から批判する気持ちを退けないと、そこから先の指導・援助はうまく機能しないのです。

　次に、私たち教員自身の体験を豊かにすることです。いろんな人生があって「人それぞれ」であることを学んでいけば、相手の身になることができる部分が広がります。

　たとえば、私は「北海道の夏は爽やかだ」ということを知識としては知っていましたが、自分が実際に函館に住んで真夏の風呂上がりに自宅前の海岸で夕涼みをして、初めて「なんて北海道って爽やかなんだぁ〜」って実感できたのです。こういう体験があると、「夏の北海道っていいよね」という話になったとき、「そうなんだよね」と心の底から答えることができるわけです。

　もちろん、短い人生ですからすべてを直接体験することはできません。直接体験を補うために、見たり聞いたりする間接体験も増やして様々な人生模様を知ることで、響きのある人間になることができます。國分先生はよく「間接体験である『耳学問』を積むことが教員には大切だ」とおっしゃっておられます。

第二段階　相手に役立つことを一緒に考えたり、行動したりしよう　支える

　第一段階ができたら、次に、我々意識が持てるように、相手の役に立つこ

とを一緒にしたり、考えたりします。相手のプラスになることをすることで、「先生は私の味方だ」と思ってもらえる可能性が高まり、「お互い味方同士」という気持ちが生まれるわけです。

　教育は相手の気持ちになるだけで成り立つわけではありませんから、具体的に動くことが必要になるのです。

　先の例の万引きをした子どもに接する際にはこうなります。

　先生「これからどうしたらいいと思っているの？」
　子ども「やっぱり謝ったほうがいいよね」
　先生「私もそれがいいと思うよ。それで、自分一人で店長さんのところに行って謝る？　それとも、私が一緒に行ったほうがいいかな？　それとも、自分で考えるいい方法があればそれでもいいけれど、どうやって謝る？」

疑問形で尋ねて、自主性を引き出す

　第一段階ができていれば、ほとんどの子どもが謝るという行動を選択します。ここで大切なことは、「どうしたらいいと思う？」と疑問形で尋ねて、子どもの主体性を引き出すことです。

　ここで急いて「謝ってきなさい」と言ってしまっては、よい指導にはなりません。なぜなら、先生に命令されて謝っているだけだからです。指示に従って行動しただけで自立的なものになっていないのです。「先生に見つかったから、仕方ない。次はもっとうまくやらないと」とさえ考えるかもしれません。

　だからここは、万引きという行為を「雨降って地固まる」ものにするために、これからのよりよい行動を尋ねる、この自主性を引き出すプロセスが欠かせないのです。そして、子どもが自主的に「謝る」という決断ができた段階で、「私もそれがいいと思う」と後付けのコメントをして、その決断を前向きに評価します。

選択肢を示して、さらに自主性を育てる

　謝ることに同意を得たら、次に、どう謝るかという選択を促します。子ど

もの年齢や状況によって選択肢の数は変える必要があると思いますが、私は2〜3個の選択肢を示すことが大半です。あんまりたくさん思いついて提示しても「先生、1個目は何だった？」と聞かれるようでは効果的でないからです。

　選択肢を示すことの効用は、行動の指針が示されるので決断しやすくなることの他に、「面子が立つ」ということが見逃せません。

　イライラしている中学3年生が、教室で先生に対して「おまえの授業は面白くない！」と言って机を蹴り倒したとしましょう。

　ここで「授業が面白くない？　先生に対して何という態度だ！　そんなことしていたら高校へ行けなくなるぞ」と言ってしまったら「火に油」です。先生にケンカを売られたので、生徒も引っ込みがつかなくなります。ここはまず、3ステップの第一段階である「相手の身になる」ために、「おいおい、今日はどうしたの？　何かムカつくことでもあったの？」というように短く入れて、理由を聞けるようであれば聞き、次に第二段階に進んで、「じゃ、面白くなるように努力するからさ、いつものようにきちんと座って、机の上に教科書とノートを出して勉強しよう。それか、この授業が終わってから君と私と担任の先生と3人で話す時間を取って話し合うというのでもいいけど、どっちにする？」と選択肢を選ぶように指導します。そうすると、自分の行動を選ばせてもらえる立場であって、先生の「軍門に下る」というわけではないので、みんなの前でも引っ込みがつきやすくなります。大抵は、「わかったよ」という捨て台詞のひとつも吐いたら収束して、大事に至らなくなります。

　このあたりのことは、子どもとの接し方の優れた指導力のある先生と、そうでない先生を分ける分岐点ではないかと思います。字面だけ追うと簡単そうですが、かなりトレーニングしないとサラッと言えるようにはなりません。

一緒に考えたり行動できるようになるには

　いろいろな事例で、どのように接したらよいかを頭の中でシミュレーションすることがとても役に立ちます。実際場面では、同じようには流れませんが、シミュレーションを重ねていると、できる割合が増えていきますし、対

応力が高まります。

　そのほか、①日頃から物理的に相手の存在に気を配ること（見る能力）、②よいところをほめること、③必要なときには具体的に行動すること、の３点を実践することが第二段階の資質を高めるのに役に立つと私は國分先生に教わりました。

第三段階　自分の気持ちと考えを打ち出そう

　第三段階は「自分を打ち出すこと」で、自分の気持ちを語る自己開示と、自分の考え方を伝える自己主張の２つがあります。つまりこうです。

> 最後に、自己開示（気持ち）＋自己主張（伝えるべきこと＝考え方）

　教員や保護者は、第三段階まで行かないと指導・援助が完結しません。
　先の例で言うと、

> 「君が万引きをしたと聞いて、私は悲しかったよ（自己開示）。
> 　二度としたらダメだよ（自己主張）」

と指導するわけです。

　カウンセラーの中には自分を打ち出さないようにしている人も少なくないようですが、学校の先生は第三段階で現実原則を教えないといけません。自分の教育者としての理念を打ち出したり必要なモラルを教えないと、教員としてのプロの仕事にならないのです。これをはずすと、学校組織をふにゃふにゃにするカウンセリングになってしまいます。

　人を育てる立場にある人は、第一段階と第二段階で育てた人間関係を基盤に第三段階で具体的な考え方やスキルを伝えて、人生モデルを示すことが大切です。人間関係の絆がある大人の言うことには子どもたちも耳を傾けますし、現代人は人生のモデルに飢えているからです。

三段階の接し方は、順序を守ることが大切

　三段階の接し方は、子どもの立場からすると、「自分の話を聞いてくれて、一緒にやってくれて、大人の考えをしっかり言ってくれる」ということです。
　第三段階だけで「掃除しなさい」とか「勉強しなさい。落第しちゃうよ」と説教しても、「人の気持ちもわからないくせに怒ってばっかり！」と思われるだけで効果がありません。逆に、いじめられた子どもに「つらかったろうねぇ」と第一段階だけにとどまっていては、明日に向かって進む勇気を与えることができませんし、「話は聞いてくれるけれど指導力のない先生」になってしまいます。第二段階までだけだと、子どもに都合よく使われる先生になってしまいます。どの子の援助にも、相手の身になり、必要な手助けをした上で、「私はこう思うが、君はどうなんだ」と迫っていく。この３つの段階を経た指導が必要です。
　子どもを育てる立場にある教員がなすべきカウンセリングとは、必要なときには打って出ることをためらわないものでなくてはいけません。
　よくある失敗は、この３つのステップを逆行させることです。
　先ほどの例で言うとこうなります。
　「ダメじゃないか、二度と万引きなんかしたらだめだぞ！　ガミガミガミ！」
　「私はこんな君の姿を見て悲しかったよ……」
　「で、これからどうするの？　謝るの？」
　「それで、一人で行くの？　私もついてってあげようか」
　「今日はどうしたの、何かいやなことでもあったの？」
　それほど悪い指導に感じないようでしたら、気持ちを込めて読み上げていただけばわかると思います。はじめが厳しくて、最後に猫なで声になっていく感じです。腰砕けの指導になっているのです。
　私が小さい頃に叱られるときに、こういう指導をする方がよくいました。「ははぁ〜ん、きつく叱りすぎたと思って、やさしいところを見せているんやな」と子ども心に感じ取れて、「情けないやっちゃ（やつだ）。こいつは大

したやつやないなぁ」となめきっていました。

三段階の接し方を練習しよう

　大分ご理解いただけたと思いますので、さっそく練習してみましょう。こういう練習問題は、本になっていると、すぐ解答欄を見てしまいがちですが、それでは力量を高めるのは難しいですよ。短時間でもいいので、まず自分で考えてみて、それから応答例を見てください。また、応答例は唯一の正解ではなく、一例を示してあるとお考えください。

練習問題1（初級編）

　「仲良しの太郎とふざけて格闘技ごっこをしていたら、強いパンチが入ってしまって泣かしてしまいました」と言いに来た小学生。
　次に示すことを、指導のポイント（指導の目的）として考えてみてください。
　①「先生に報告しに行ってよかった」と子どもが思えて、教員と子ども間の人間関係の絆が強まること。
　②「こういうことはしちゃいけない」としっかり反省できること。
　では、考えて次の空欄に書き込んでみてください。本に書き込みを入れるのがいやな方は、メモ用紙にでも書いてみましょう。

第一段階　相手の身になる言葉かけ

第二段階　一緒に考える言葉かけ

第三段階　自分を打ち出す言葉かけ
（自己開示）
（自己主張）

できましたか？

これは結構簡単ですね。では、応答の一例を紹介します。

応答例

第一段階　相手の身になる努力をする

　「よく教えに来てくれたね」（肯定的評価）

　「お互いに怪我はしていないかな？」（危機状況の確認）

　「いつもは仲良しなのに、今日はどうしちゃったの？」

　「仲良しに戻れるんだったら、戻りたい？」（願いを聴く）

第二段階　相手の役に立つことを一緒に考えたり行動する

　「君がどうやったら、2人は仲良しに戻れるかな？（どうやったら仲直りできるかな？）」（願いをかなえる方法を聴く）

　（子ども「謝ったほうがいいと思う」）

　「そうだね、私もそう思うよ」（後付けで評価）

　「それで、どうやって謝るの、今？　それともしばらくたってから？」（複数の選択肢の提示）

　（子ども「今」または、「後で謝る」）

　「私は2人が仲良しに戻れたことを、どうやって知ることができるかな？」（実行するモチベーションを高める言葉かけ）

　（子ども「2人で先生のところに言いに来るよ」）

　「それはいいね」

第三段階　自分を打ち出す

　「君が太郎君を泣かせたと聞いて悲しかったよ」（自己開示）

　「これからは、今日みたいなことがないように楽しく遊ぶんだよ」（自己主張）

指導・援助のポイント①　「願いを聴くこと」で個に寄りそう

　問題を起こした子どもの指導場面になると、ついつい問題となった行動の原因を聞き込んでいってしまって、非を責める会話になりがちです。

　もちろん、原因についても聞いてよいとは思いますが、それよりも大切なことは「願いを聴く」ことです。教育は、よりよい未来を築くための取り組みですから、その人の「真の願い」を聴くことが指導・援助の出発点になります。

指導・援助のポイント②　「約束をすること」で意欲を喚起する

　練習問題1で重要な点は、子どもが謝りに行く決断が実行に結びつくように、「私は2人が仲良しに戻れたことを、どうやって知ることができるの？」という質問で、約束を取り付けるところにあります。

　もちろん、約束を強制することはあってはならないことですが、約束を取り付けるプロセスは、被援助者がその課題を実行する意欲を高めるために大変重要なものです。

　これは対象が子どものときだけでなく、保護者面談の際にも用います。保護者が面談で「今日はよいお話を聞かせていただきまして、ありがとうございました。機会があったらやってみます」と言って退席するときは、その面談の中で提案されたプランのほとんどは実行されません。何の約束もしていない話だからです。詰めの甘い話し合いになっているのです。

　さて、できた方は、練習問題2に移りましょう。今度は保護者対応です。
　練習問題1で詰まった方は、次の補充問題をやりましょう。

補充問題1（初級編）　（応答例はP.39）

「先生、教室のガラスを割ってしまいました」と言ってきた小学生。
　昼休みに教室で友達と追いかけっこをしていて、勢いあまって窓ガラスを割ってしまいました。ダンマリを決め込もうかとも思ったのですが、「悪いことをしたら謝らないといけない」と思い直して、先生に知らせに来ました。特に怪我はしていませんが、ガラスは割れたままになっています。

練習問題2（中級編）

子どもの不登校状態が続き、「私は、ダメな母親なんです」と落ち込む保護者。

子どもが登校しない状態が3週間続き、先生が家庭訪問していますが、今日は子どもが部屋にこもり、母親が呼んでも返事もありません。そうするうちに、母親がみるみる落ち込んでしまって、この発言に至りました。

援助のポイントは、まず母親の気持ちを受け止めること、それができた上で「ダメな母親」という過度の一般化（思い込み）を修正して、<u>悩みの大きさをつきあえるくらいの大きさに変えていく</u>ことに尽きます。それができなければ、次の一手を提案しても、やる気が出ないからです。

では、前問のように、次の空欄に書き込んでみましょう。ただし、こうしたケースは第一声がポイントとなります。「大丈夫です」といった【安易な保証】や、「頑張りましょう」といった【追い込み】は禁句です。もちろん「ダメなお母さんですね」と【繰り返し】たりもしません。

第一段階　相手の身になる言葉かけ

第二段階　一緒に考える言葉かけ

第三段階　自分を打ち出す言葉かけ
（自己開示）
（自己主張）

できましたか？　では、応答の一例を紹介します。

応答例

第一段階　相手の身になる努力をする
　「今は、そんなふうに感じておられるんですね」（時間枠の限定）

「子育ては誰しも、いつも100%OKということは難しいです。ここのところ、『自分の子育ては、十分でないところがある』と感じておられるということですね」(課題の限定)
「ところで、普段はどんな母でいたいと願っておられますか?」(願いを聴く)

第二段階　相手に役立つことを一緒にする
「その願いをかなえるために、できることを一緒に考えませんか?」

第三段階　自分を打ち出す(気持ち→考え方)
「よく話してくださいました」(自己開示)
「これからもあの子のために一緒に頑張りましょう」(自己主張)

指導・援助のポイント③　「限定」をかける
　人は悩み出すと、その悩みが膨れ上がることが少なくありません。この場合は、子どもが学校を休むことで母親が自分を全否定しています。
　こういう心理状態に陥っている人に、「そんなこと、ありませんよ」とか「大したことないです、大丈夫、大丈夫」と言ってしまうと、「この先生は、私の気持ちがわからない人だ」と思わせてしまいます。また、「落ち込んでいても仕方がないから、頑張りましょう」と言うと、さらに追い詰めてしまいます。かといって、相手の身になるために「ダメな母親なんですね」と受けたのでは、教育のプロである先生が肯定してしまって、余計に追い込んでしまいます。
　そこで、気持ちを否定せずに受け止め、限定をかける第一段階が「今は、そんなふうに感じておられるんですね」の部分です。「今は」と時間の枠で限定し、「未来は変えられる」という考え方に修正するための地ならしをしているわけです。
　そして次に、「ダメな母親」という「母としての私」の全否定の部分を「子育てで十分でないところがある」と認知の修正を図り、さらに人生キャリアや役割の枠で限定をかけていきます。

このプロセスは、保護者面談でも子どもとの面談でも、悩みの解決をめざす話し合いを進めていく際に必要性が高いものです。深い悩みの淵から上がってきてもらわないと、これから先に一緒に考えてよいプランが思い浮かんでも、実行するモチベーションが高まりにくいからです。

　どうでしたか？　うまくできるようになってきましたか？
　難しかった人には、補充問題です。

補充問題2（中級編）　（応答例はP.39）
　保護者から「最近、親子ケンカが絶えなくて困っています」と相談を受けた。
　援助のポイントは、「どんな親子関係でありたいか」という願望を引き出し、その実現に向けて話し合うことです。

　さぁ、どうでしょうか？
　2問くらいじゃ自信が付かないという人は、次の応用問題をやってください。この三段階の接し方ができるようになれば、かなり難しい問題でも対応することができるようになっているはずです。北海道教育大学の大学院で教えていたとき、その授業は1回で3時間から5時間くらいやっていたのですが、院生たちが大変意欲的で、できるようになるまでやろうということになって、3回にわたって9時間くらいこのロールプレイをやったことがあります。ぜひ、皆さんもトライしてください。

応用問題1　（応答例はP.40）
　朝礼のときに「5時間目の宿題、やってくるのを忘れました」と言いに来た中学1年生。
　指導のポイントは、練習問題1と共通していますね。それに加えて、スタディスキルが身に付く計画を立案することと、それをどう実行するかを話し合うことが求められます。

応用問題2　（応答例はP.40）

「進路のことで不安を感じるけど、何も手をつけていない」と言う中学2年生。

中学3年生たちが卒業を控えて進路が決まっていくのを目の当たりにして、担任ではない2年生の子どもが、授業終了後の休み時間に、あなたに話しかけてきたとします。

指導のポイントは、気持ちを受け止めることと子どもが自分に話しかけてきたニーズをつかむことです。

応用問題3　（応答例はP.40）

新任の同僚が、「大変だ。明日の研究授業の準備が間に合いそうもない。どうしよう」と混乱している。

援助のポイントは、「相談してよかった」「今からできることを精一杯やろう」と感じられることですね。

個の指導も集団づくりにも通じる

ここまでの説明では、三段階の接し方は個別の接し方についてだけ考えているようですが、実は集団づくりにもあてはまります。

集団づくりにおいては、第一段階として子どもたちの自他理解が深まるように指導し、それができた後に互いに協力し合うことができる取り組みを進め、それらを基盤として「このクラスの仲間の前でならば」という気持ちが醸成された上で、第三段階として自己主張するように促す指導をするわけです。

1学期には相手の身になる努力をする学級経営、2学期には体育大会や文化祭等の行事の中で我々意識が育つように実践し、3学期には来年度に向けてみんなの前で自分を打ち出せるようになることをめざす、といったように段階を追ってクラス運営をしていく流れをつくるのです。

「なぁんだ、それって当たり前のことじゃないか」と思われた方が多いのではないでしょうか。そういう先生は、「今年はよいクラスづくりができた」と感じた年度を振り返っていただくと、この流れでクラスづくりをして

おられたと思います。

　理論を学ぶことのよさとは、経験や勘に頼っていたことに対して理論的背景を持つことで、迷わずに自信を持って実践できるようになることです。

⬜補充問題１の応答例

第一段階　相手の身になる努力をする

　「よく報告に来たね。ケガはなかった？　何があったの？」

第二段階　相手に役立つことを一緒にする

　「割ったガラスはどうなっているの？」→「君が今からしないといけないことはどんなことかな？」

　「どうやって片づけようかな？」（相手に応じて、手伝わないといけない部分は分担する提案をする）→「壊したものは、教頭先生に報告して弁償しないといけないけれど、どんなふうにしたらいいか考えようか？」→「おうちの人には自分で伝えるかい？　それとも私が連絡しようか？」（「自分で言う」という場合は練習問題１と同じように約束する）

第三段階　自分を打ち出す（気持ち→考え方）

　「ガラスを割ったと聞いてガッカリしたよ」（自己開示）

　「明日からは、外で遊びなさい」（自己主張）

　最後の部分は、疑問形を用いて自分で「外で遊ぶ」ことを選択できるように話し合いができれば、さらによいでしょう。

⬜補充問題２の応答例

第一段階

　「よくお話してくださいました。それはお困りですね」（相手の「困った」という言葉をそのまま受けます）

　「率直に話し合えるけれど、仲のよい親子でありたいですね」（願いを確かめます）

第二段階

　「素晴らしい親子関係を築くためのよい方法があるのですが、お聞きになりますか」（三段階の接し方の話をする）

第三段階
　「今日は私に相談してくださって、うれしかったです」（自己開示）
　「今日の方法の使い方についての質問や何か困ったことがあれば、遠慮なくご連絡ください。これからも一緒に考えさせていただきます」（自己主張）

応用問題1の応答例

第一段階
　「よく言いに来たね。君が宿題を忘れるなんて、今日はどうしちゃったの？」
第二段階
　「君が5時間目までにできることは、どんなことがある？」
　「私に手伝ってほしいことはあるかな？」
第三段階
　「今日はきちんと事前に言いに来てエライと思ったよ」（自己開示）
　「明日からは、いつものようにきちんとやっておいでよ」（自己主張）

応用問題2の応答例

第一段階
　「中2もこの時期になると卒業後が視野に入ってきて、そういう気持ちになることがあるよね」
第二段階
　「具体的な進路は、担任や進路の先生と話せばいいのかなと思うけど、私とどんなことが話せたらいいと思うの？」（相手の願いに沿って話していく）
第三段階
　「今日は話してくれて、悩みも聞かせてくれてうれしかったよ」（自己開示）
　「困ったことを相談するというのは、人間が向上する上で大切な力だよ。君にはそれがある。私でよかったらまた話してね。勉強もしっかりしろよ」（自己主張）

<u>応用問題3の応答例</u>

第一段階

　「それは大変。いつもはきちんとやっている（あるいは、何とか乗り切っている）あなたがどうしたの？　間に合わないって、どこまではやっているの？」

第二段階

　「『やめた、やめた』って開き直るっていう選択もあると思うけれど、明日までに残された時間でどんなふうにしていけるかを一緒に考えてみない？」

　（同意が得られたら）「『間に合わない』っていう中でも、あなたが『こうしていこうかな』というプランはあるの？」（プランが出てこなければ、こちらから提案することもあり）

　「そのプランで、私や他の先生が手伝えそうなことは？」（以降、プランに沿って支援する）

第三段階

　「あなたがこんなふうに追い込まれていると聞いてびっくりしちゃった」（自己開示）

　「十分ではないにせよ、与えられた条件の中で子どもたちのために全力を尽くしてやることは、教員にとって大切なことだよ。きっとあなたのためになることだと私は思うよ」（自己主張）

2 構成的グループエンカウンター

自他発見を深め、ふれあいのある人間関係を育てよう

人間関係づくりは構成的グループエンカウンターから

(1) なぜ今、学校で構成的グループエンカウンターが必要なのか

　現代社会は人間関係の希薄化が進行し、その結果として、人間関係をつくっていく能力を子どもたちが自然に獲得するのが難しくなっています。とは言っても、子どもたちのキャリア形成を考えると、一生、他者とのかかわりなくして過ごしていくわけにはいきません。他者とかかわることを好ましく感じる気持ちや他者とかかわる力を付けることが、今こそ学校教育に求められているのです。

　先日、ある中学校の教頭先生と話をしていて、互いに得心したことがあります。それは次のような内容です。

　現代の先生は、学校に課される様々な取り組みの増加と、それに伴う事務仕事の肥大化で多忙を極めている。だから、先生には昔のようにテストが終わったら子どもとソフトボールをして遊んだり、じっくりと人間関係を築く時間と余裕がない。子どもたちも子どもたちでスマホやゲームを介した小グループでの密だが表面的な交流が多く、人間関係が育っていない。子どもたちの間に起こっている心に関する諸問題の解決を図るためには、良好な人間関係とそれを築いていく力が欠かせない。今、切に人間関係づくりができる資質が先生に求められている。でも振り返ると、我々世代がそのハシリだが、

人間関係を築くことが苦手な人間が多い時代になっており、先生自身もその例外ではない。人間関係づくりの技量は、本を1冊読んで「ハイできた！」というように一朝一夕に習得できることではないので、忙しい先生には余計に難しい課題となっている。……

　その後も話は続いたのですが、結論的に言うと、「育てるカウンセリング」の実践の大きな柱である「構成的グループエンカウンター（SGE）」（以下、「エンカウンター」と略記）のような、具体的に集団を育成する力量が高まる教育技法をもっと習得する機会が必要だという話になりました。

　エンカウンターの一番の長所は、自己成長をめざす健康な人を対象とする技法なので、子どもと教員が共に成長できることにあります。

(2) エンカウンターとは何か

能動的・集中的なグループ体験

　「エンカウンター」とは「出会い」という意味で、自分との出会いと他者との出会いがあります。

　「構成的」とは条件設定をするということで、子どもたちに課題の内容、時間、グループサイズ、ルール等を指定して枠を示します。枠を示すことで、エンカウンターに参加しやすくなったり自己表現しやすくなりますし、心の傷が生じるのを防いだり、現実原則を体験学習させる際の配慮が行き届きやすくなります。もともと学校での生活は構成的なので、子どもたちも先生方も構成的ということに慣れているという利点もあります。

　条件が設定された中で、能動的・集中的なグループ体験をとおして自分や他者と出会う——これが構成的グループエンカウンターです。

目的は自他発見とふれあいのある人間関係による人間的成長

　エンカウンターは、頭でわかるだけでなく胸にグッと来るような自己への気づきによって自己理解が深まることをめざします。そして、自己理解が深まるにつれて他者理解も深まり、他者受容の幅が広がります。

　人間は多かれ少なかれ「周囲の人から嫌われたくない」という気持ちを持ちがちですが、そういう「失愛恐怖」を手放して、あるがままの自分の本音を交流することで、ふれあいのある人間関係が生まれるのです。

また、エンカウンターに参加することで、自己変容のための模倣の対象を得たり、試行錯誤の機会が与えられるといったよさもあります。集団の育て合う力が発揮されるので、参加者一人ひとりが、特定の感情や考え方、行動への囚われから解放されて人間的に成長することができます。

　キーワードは「自己開示」

　エンカウンターのキーワードは「自己開示」です。自己開示とは、「今・ここ」での自分について語ることを言います。

　自己開示の内容は、①自分に関する事実、②自分の感情、③自分の価値観や考え方、の3点です。メンバーは、できる限りの自己開示をして、互いにフィードバックを図り、シェアリングの場で認知の拡大・修正を図ります。今の気持ちや考えを、できるだけの分量でよいので話すことで、自分に対する理解を深め、同時に他者の人となりを知っていくことができるわけです。

　集団の中で自己開示ができる前提として、①「相手の身になって聴き、相手のことを思って話す」、②守秘義務を守る、の2点が周知されている必要があります。

(3) 現代における人生修行の場としてのエンカウンター

　大きな書店に行きますと、エンカウンターの本がずらっと並んでいます。そのエクササイズ集の1冊を手にとって見ただけでは、たぶん、学級レクリエーションとあまり変わらない印象を受ける人が多いと思います。あるいは「エンカウンターは技法にすぎない」という誤解をする人がいるかもしれません。

　エンカウンターはクラスで実践していると、子どもたちが自分や他者についての理解を深め、その結果として良好な人間関係を得ることができるものですが、技法だけではなく、それを支える理論や哲学があります。というよりもそれらがなければ、「エンカウンターすることはできない」と言えます。理論や哲学がなければ、様々な感情がぶつかるエンカウンターの場をリードしていけず、「危なっかしい学級レク」になってしまいます。

　私は國分康孝先生からエンカウンターを学びましたが、國分先生からエンカウンターで学んだことの第一は、「在りたいように在れ」ということです。

「他人の権利を侵さない範囲でという現実原則の中で、快楽原則を満たせ」ということです。エンカウンターという保障された時間と空間の中で、在りたいように在ることができるようになることで生きることが楽しくなったというのが、エンカウンターを学んで私が一番感じたことです。エンカウンターは、現代における人生修行の場と言ってもよいと思います。

(4) 学校教育に馴染みやすいエンカウンター

エンカウンターが学校教育に馴染みやすい理由を3つにまとめると、次のようになります。

①リーダーである教員が、教育目標に従ってエクササイズ（課題）をはじめとする全体計画を組み立てられる。
②リーダーが、状況に応じて時間やグループサイズを設定できるので、集団をコントロールしやすい。
③教師のリーダー性が生かせる上に、教師のリーダーシップの資質が向上し、クラスづくりだけでなく授業や生徒指導等の教育活動全般の指導の質が向上する。

特に、3点目は重要です。

エンカウンターを実践するためには、わかりやすく目的や方法を説明したり、テキパキとルールに則って子どもたちに指示したり、メリハリを利かして進行しないといけないので、結果として、教員としての基本的な指導力が向上します。これは私自身が実感することです。中学校の教員時代は「よい授業なんて、年間に片手で数えるほどしかないなぁ」と思っていたのですが、エンカウンターを学んでから「あれ、ぼくって、こんなに上手に授業できたっけ？」と思う頻度が増えました。

また、後でも述べるように、宿泊を伴う研修等を受けないとエンカウンターは十分にできるようになれないことが多いと思いますが、そういった研修に参加するうちに自他理解が深まり、子どもたちとのよい人間関係が築かれていきます。そうしますと、教員と子どもとのあいだに言葉かけが増え、子ども理解が増して「読み」が深くなり、対応力が増していきます。子ども間のよい交流も増し、「このクラスが自分の居場所だ」と子どもたちが感じ

る教室をつくることができると思います。

流れは、インストラクション→エクササイズ→シェアリング＋必要な介入

(1) インストラクション（授業でいえば【導入】）

　まずインストラクションとして、エクササイズのねらいや内容（グループサイズ、何をするか、時間）、ルールと留意点等を、リーダーが簡潔に説明します。緊張をほぐして抵抗を除く工夫をして、自己決定して参加する意欲を高められるように配慮します。また、守秘義務があることや最終的には強制しないが多少の苦手は乗り越えて参加する努力をすること、ときには沈黙する自由があること、非難しないことなどのルールを説明します。

　この際、ダラダラと説明せずに、「簡にして要を得た」進行が大切です。そのためには、できる限り**デモンストレーション**を取り入れましょう。自己開示したデモンストレーションは、リーダーの操作主義や参加者が「操られる」感覚に陥るのを防ぐのに役立ちます。

　その他、インストラクションにおける留意点をあげます。

インストラクションの後、抵抗があるかどうかを確認する

　エンカウンターは、実践課題のことを「ゲーム」と言わずに「エクササイズ」と言います。ゲームであれば、参加不参加は楽しいかどうかで決めればよいのですが、エンカウンターは人生修行の場なので、参加努力を要請します。そのため「エクササイズ」と称しているのです。

　ただ、先ほども書いたように、最大限、参加する努力を促しますが、最終的な参加不参加はメンバーに委ねられています。インフォームドコンセント（十分な説明と同意）を得てから展開することを心がけることで、メンバーは安心して参加することができます。

　「どうしても参加したくない」という子どもがいる場合は、「じゃ、このエクササイズだけ、見る参加にするか。それでは、私の横で時計係をしてくれるかな」と限定をかけた対応をして、シェアリングのときに「見ていて、どんなことに気づいたかな」というように問いかけて、シェアリングへの参加を促します。そして、「次のエクササイズはこういうことをやろうと思うけ

ど、入る？ それとももう一回、時計係を続ける？」と声をかけるとよいと思います。

　しかしながら、参加しないメンバーがいるときは、個や集団の状態や成長の段階などの考慮が不足し、丁寧さを欠いた取り組みになっていることが多いと思います。子どもを責めたり強要せずに、自らのプランを再検討することが肝要です。

　メンバー一人ひとりに配慮する

　落ち込んでいる人や抵抗を示している人、指示以外の行動をとっている人やルール違反に敏感に気づき、介入を行います。そのようにメンバー一人ひとりに配慮することで、必要以上のダメージを防ぎます。

　指示を途中で変更しない

　指示を途中で変更すると、参加者が混乱する原因をつくってしまいます。授業の展開の留意点と同じです。

　リーダーに求められる「リーダーシップ」

　エンカウンターのリーダーには、自己開示能力と自己主張能力が求められます。リーダーの人柄や人間性を伝えることで、参加者のモデルとなることをめざします。

(2) エクササイズ（授業でいえば【展開】）

　エクササイズは、参加者の思考・感情・行動を刺激して、心理的成長を意図してつくられた課題のことで、以下の6つのねらいをもとにつくられています。

①自己理解　在りたいように生きるには、自分のこと、特に自分の本音を知っておく必要があります。自己理解が深まるにつれて、他者理解の幅が広がっていきます。

②自己受容　短所も長所もひっくるめて自分を受け止めることが、人間的成長を図るためには不可欠です。

③自己表現・自己主張　気づきを語る力量を高めることは、人間関係を広げます。

④感受性　自他を受け止める幅が広がり、コミュニケーション能力の向上

に役立ちます。
⑤**信頼体験** 他者を信じる体験をすることが、自己への信頼感をも高めてくれます。
⑥**役割遂行** 人間は役割を介して社会の中で生きているので、役割を遂行することで新たな自他に気づけます。

エクササイズを選ぶコツ
・子どもの発達段階や、日頃の観察、Q-Uテスト等によって集団の実態を把握し、それに即したエクササイズを選びます。
・エンカウンターは、目的をクリアにして実施することが何よりも大切です。6つのねらいのどこに焦点を絞って展開しようとしているのかを明確にしましょう。また、エクササイズの内容と実施する順序は、その目的の達成のために役立つものとなっているかを吟味します。
・リーダーの体験や力量に見合ったエクササイズにしましょう。慣れないうちは、短時間で簡単に実施できるやさしいものにします。また、リーダーを支えるスタッフをできる限り確保します。
・対象の子どもたちの年齢にも配慮しましょう。小学校低学年以下ならば、短い時間で繰り返しできるもの、身体接触があるもの、体を動かすものが向いています。小学校中学年以上になると、グループで共同して行うものや挑戦意欲を満たすもの、小学校高学年以上・中高生であれば、男女間や身体接触への抵抗に配慮したもの、未来や内面を探索できるもの、集団への凝集性を高めるものが実施できるでしょう。
・学年の年間計画を立案して実施すると効果的です。その際には、教科内容に沿ったエクササイズを取り入れることや、集団の特性や子どもたちのモチベーションに応じたものを臨機応変に実施できるようにする配慮が必要です。2学期後半になって各クラスの課題が異なってきているのに、学年の全クラスが横並びで同一のエクササイズをするというような「強制的グループエンカウンター」にならないようにしてください。

エクササイズの組み立て方
いくつかのエクササイズを組み合わせて実施するときには、はじめに相手の身になるエクササイズ、続いて我々意識が育つもの、仕上げに自分を打ち

出すものといった順に配置するとよいでしょう。もちろん、はじめや終わりの時期に重いエクササイズを持ってくることのないようにします。

原則は、**楽しいものから多少の抵抗（拒否感）はあるけれど頑張ればできるものへ、外面に触れる程度の簡単にできるものから多少しんどいけれど内面を見つめるものへ**の２点です。参加しやすいエクササイズを選び、流れに乗れないメンバーがいたら、エクササイズの時間を短めにします。

何をするか迷ったときは「メンバーに聞こう」

エクササイズ集が多数出版されていますから、初めて実施する際には目移りして、何から手を付けてよいかわからないということが起こるかもしれません。いくつか候補を選んでおいて、エンカウンターを実施する前に、休み時間や放課後などに子どもたちと雑談しながら、「今度、こんなのか、あんなのかをやってみようと思うんだけど、どうかな？」と聞いてみましょう。

特に、抵抗を起こしそうなメンバーに聞くことは欠かせません。うまくいけばリハーサルをして拒否感を減らすことができますし、デモンストレーションを手伝ってもらえるかもしれないし、そのことでリレーションが形成されるかもしれません。もちろん、意見を聞くメンバーは、同じメンバーに偏らないように留意することも大切です。

(3) シェアリング（授業でいえば【まとめ】）

シェアリングはエクササイズ中の心の動きを「振り返り」、「今・ここ」で感じていることを表現して「分かち合う」ことです。気づいたこと・感じたことを自ら表現することで自己理解が深まりますし、集団で個人の気づきを共有することでふれあいのある関係が築かれて一体感が生まれます。また、同じエクササイズを体験しても、気づきや感じ方は「人それぞれ」であることを知る機会となって、他者理解が深まります。他者からのフィードバックが自己理解を深める機会になったり、行動変容の動機づけになったり、コミュニケーションスキルが育つといった効果もあります。

シェアリングについては、この後みっちり学んでいただきます。

(4) 介入

　安心して自己開示できる環境を守り、気づきが促進できるように、必要に応じて軌道修正を図ります。本書では詳しく触れませんが、私がエンカウンターするときには、「必要なときに打って出るのをためらっていては、リーダー失格である」と自分を奮い立たせて臨むようにしています。
　「介入するときとは、どういうときか」「効果的な介入のポイントは何か」「実際にどう介入するか」といった勘どころは、やはり参加体験を積むことがものをいいます。この本を読んで優れたエンカウンターのリーダーになろうと決意なさった方は、少なくとも１日研修、できれば２泊３日といった宿泊型の研修に参加されることを強くお勧めします。

シェアリングはエンカウンターの命

　それでは、エンカウンターの命とも言えるシェアリングについて、詳しく学んでいきましょう。
　シェアリングの基本となる発問は、エクササイズの目的に沿った気持ちとその理由を聞きます。

> 「今のエクササイズを体験して、気づいたこと・感じたことを話してください」
> 「発言するときは、まず『今の気持ち』から話してください」

　たとえば、「手を握り合ったことでどんな気持ちが起こりましたか」とか、「今、ハッピーかハッピーでないかを話してください」というように、シェアしたいことを絞って発言を求めてから、「で、他には？」と広げていきます。
　中学生くらいになると、気持ちを語らず事実の話だけになっているときがありますから、「それで君の気持ちはどうなの？」と、感情に焦点を当てることを忘れないようにしましょう。

　基本的な留意点①　結論から語ろう・気持ちを語ろう
　シェアリングのポイントは、考えを理解するより気持ちに気づくことで

す。まず気持ちを語り、その次にその理由を話すように指導します。

　基本的な留意点②　発言は、アイ・メッセージが基本であることを押さえる

　発言は、「私は〜」と、「私」を主語にしたアイ・メッセージでするように促します。

　基本的な留意点③　気持ちが語られないときは、その快・不快から尋ねる

　気持ちの原点は快・不快から出発するので、「それであなたの気持ちは？」と尋ねても詰まってしまう子どもがいたら、このポイントを押さえて深めていきます。

シェアリングの工夫1　シェアリングの発問の枠組みづくり

　「夢を語る」というエクササイズを例にして、シェアリングの発問の枠組みづくりを見ていきます。「夢を語る」については、後ほど詳しく紹介しますが、2人組になって、互いの未来の夢を自己開示することで生まれる気づきを語り合うものです。

　それでは、自由度は高いが慣れていないと難しい発問から、自由度は低いが取り組みやすい発問までを順に並べてみましょう。

A．限定しないで気づき（特に気持ち）を尋ねる

> 「気づいたことや感じたことを発表してください」

　これはシェアリングの原型となる発問です。この尋ね方は、クラスづくりが中盤以降の時期で、子どもがエンカウンターに慣れてくれば有効ですが、学級開きでこんなふうに言ってもシーンとなってしまう可能性があります。はじめは目的についての気づきに限定する指示をするとよいでしょう。

B．Aの発問では発言が出にくいことが想定される場合→目的に沿って気持ちを尋ねる

> 「夢を語ってどんな気持ちがしたか、夢を聞かせてもらってどんな気持ちがしたか、ペアで語り合ってください。その後、4人組になって他己紹介します」

この指示で、多くのクラスは動き出すと思います。それでも2人で自由に話すことが難しそうだと思われたら、手順を細分化する指示を追加します。
C．AやBでは積極性が引き出せない場合→話し手と聞き手を短時間で交代するように指示する

> 「では、はじめに夢を語った人が夢を聞いてもらった人に20秒間で気持ちを語ってください。私が『そこまで』と言ったら交代してください」

　大学の新入生対象のワークショップでエンカウンターを行ったときのことですが、1組目はBの指示でできたので2組目も同じように指示したら、なぜか低調なのです。そこで、すぐにストップをかけて、このCの指示を追加しました。帰り際には新入生が駆け寄ってきて、「こういう勉強は初めてだったので緊張したけど、内気な私が初めて会った人と話ができて感激した」と報告してくれました。リーダーは常に次の一手を考えていないといけないことを、あらためて意識しました。
　でも万が一、ここまで構成しても短時間の話し合いが難しいかもしれないと感じたら、次のDのようにワークシートを用いた交流にします。
D．相手を見ながら話すのが苦手という子どもが多い場合→振り返り用紙に記入してからシェアリングする

> 「ワークシートに今の気持ちを2分間で書き込んでください。時間が来たら、ペアで夢を先に語った人から、書き込んだことを紹介してもらいます」

　振り返り用紙を用いるときのポイントは、短時間であっても書いたことを見せ合い、互いの気づきを分かち合うことです。コメントを記入してもよいでしょう。

シェアリングの工夫2　シェアリングの発問内容の構成
　「感じたこと、思ったことを誰からでもいいので発言してください」と漠

然と聞いても、どう語ればいいのかがわからないので、発言が出にくいことがあります。基本となるコツは、エクササイズの目的に沿った発問をすることですが、それでも発言が出にくいときには、視点を絞ることも一つの方法です。

> 対象を絞る　「自分について」「自分のグループについて」「メンバー全体について」
> 時間を絞る　「始めの頃」「中頃」「終わり頃」

シェアリングの工夫3　シェアリングの広げ方

初期は、単発の発言をつないでいく

初期のシェアリングでは、前の人の発言と関連があまりない単発の発言が続くことがあります。そうしたときは、リーダーが意識してつないでいく必要があります。一例を示します。

「○○君はこう言ったんだけど、ペアだった□□さんはどうですか？」

「今の○○さんの気持ちとよく似ているという人は挙手！」「ここは違うということはあるかな？」「○○さんとは違う気持ちだったという人は？」

「今の意見に対してコメントしてくれる人はいないかな？」

もちろん、「楽しかった」といった発言が続いた後で、無理して周りに合わせるように「私も楽しかったです」と発言したメンバーに対して、「あなたは楽しいと言ったけど、ずっと体を硬くして、手はぎゅっと握りしめたままだったように私には見えたのですが、そのことにあなたは気づいていましたか？」と発言者に返しながら深めることもあります。

尺度を用いて全員に尋ねる

「今の気持ちを『楽しかった』『ちょっと楽しかった』『ちょっとしんどかった』『しんどかった』のうちから選んで、手を挙げてね」と尺度を用いて尋ねると、しんどい気持ちを比較的表明しやすくなるようです。しんどい気持ちのほうに手が挙がったら、「勇気を出して手を挙げてくれたんだね。正直な気持ちのところで手を挙げることは立派なことだ」と肯定的な評価をした上で、「ちょっと聞いてもいいかな」と承認を得て、その気持ちの内容

についてさらに聞くとよいでしょう。負の気持ちについて聞いていくと、「私は楽しかったんだけれど、この頃、学校を休んでいる〇〇君も来たらよかったのにって思ってマイナスのほうに手を挙げた」といった、意外なクラスの「宝物」を掘り当てることがあります。マイナスと見えたことの中にプラスの面が往々にしてあります。

たとえマイナス面に終始したとしても、「今度同じことをするときには、どんなふうでありたいって思う？」と、その子どもの願いを聞くことができるでしょう。

代表的な気持ちを選択肢として示して挙手を求める

語ってほしいことを絞っても、なかなかシェアリングが進まない場合があります。「気持ちを語ってください」と言われたことが少なくて、「何を言ってよいかわからない」のです。発表のモデルが不足しているのかもしれません。そんなときや、時間が少ないときには、多くの子どもが持つであろう代表的な気持ちを選択肢として示し、それに対して挙手を求める方法があります。

「手をつないでいて、『人の手って温かいな』と感じた人は手を挙げて」
「楽しかった人は？」
「しんどいところもあった人は？　それはどんなところ？」
「友達のよいところに気づけた人は？　それはどんなところ？」
「『できるかなぁ』って少し不安があったけど、『できちゃった』という人は？」
「またやりたい人は？」

シェアリングの工夫4　ここに留意すればシェアリングが深まる

- 発言が少ないとき　「気持ちだけでも教えてください、今の気分はいい気分、それとも悪い気分？」
- 他人の言動にコメントする参加者がいるとき　（自分自身の気づきにするために）「それを聞いた君の今の気持ちを、一言で言うとどうなるかな？」
- 発言時間が長い子どもがいたとき　（他の子どもの発言時間を確保するために）「結論から話してください」「たくさんの人の気持ちを聞きたいので、

発言は1分以内にとどめてください」
・時間が迫っているが、発言希望者が多いとき 「未完の行為」にならないように、「予定の時間が迫っているので、発言したい人は手を挙げてください。（数えて）他はありませんか。では後、△人。（名前を呼んで）の順に、1人□分程度を目処に簡潔に話してください」。必ず「どうしても発言したい人は挙手してください」と一定の保障をしつつ、現実原則に従うことを学ぶ機会にしましょう。

シェアリングの工夫5　グループサイズはペアから始めて徐々に大きくする

時期や条件によって、話しやすいグループサイズがあります。

第1段階　初期は2人ペア

皆の前では無理でも、隣の人となら話せることがあります。ペアでシェアリングし、最後は「『2人だけのものにしておいたら惜しい』とか、『皆にも知ってほしい』ということがあれば発表してください」と声をかけましょう。

第2段階　4人グループで行い、代表が発表

ペアに慣れたら4人組でシェアリングします。「2人組から4人組」（P.51参照）も効果的な方法です。グループでのシェアリングを終えたら、「いくつかのグループに、どんなことを話したかを聞かせてほしいと思います。指名されたグループは、誰でもいいですから1人が代表して話してください」と全体のシェアリングに進みます。

第3段階以降　グループサイズを大きくしていく

シェアリングの紙上練習問題

わかることとできることは違います。エンカウンターは、リーダー体験をしないと教室で使いこなすことは至難の業ですが、ここは紙上で「出会いのエンカウンター（目的は自己理解・他者理解）」のシェアリングを想定して練習しましょう。

A．アウチでよろしく

　ウォーミングアップです。映画の「E.T.」でE.T.と少年とが指先を合わせて「アウチ」と言うシーンのイメージで、周囲の人と人さし指の先だけを付け合って「アウチ」と言いながらあいさつしていきます。最小限の身体的接触で1分間の間にたくさんの人とあいさつします。

B．質問ジャンケン米田バージョン（2人組で行う）

　目的は人間関係を築くために互いのことを知ることです。ですから、仲良くなるために知りたいことを遠慮なく聞きます。方法は次のとおりです。
・ジャンケンに勝ったら質問し、負けた人は無理のない範囲で質問に答えます。答えたくない質問だったら「パス」と言って質問を変えてもらいます。
・勝った人は、負けた人が答えたら、その質問に関する自分の答えを披露します（本来のやり方は負けた人が答えるだけです。米田バージョンはその進化形です）。
・これを繰り返しながら、はじめは当たりさわりのないことから、だんだんと深い質問に入っていきます（外面→内面）。
・質問に対しては、いろいろ補足して答えることは禁止です。聞かれた内容にだけ答えることがポイントです。もっと聞きたいことが出てきても、ジャンケンに勝ってからしか聞けません。

〈実施上の留意点〉

　はじめのうちは、子どもたちの現状に応じて「好きな食べ物」「最近熱中していること」といった質問カードを作成するか、板書して、「何を聞いていいか迷ったら、カード（黒板）を見ながら質問すればいいよ」と説明して配布しておきましょう。

練習問題1 （応答例はP.66）

　「質問ジャンケン米田バージョン」のシェアリングで、どう発問しますか？　考えてみましょう！

　いきなりこの質問は難しいでしょうか？
　もし、リーダーが型どおりの「感じたことや思ったことを発言してくださ

い」という発問しかできなければ、「楽しかった」「面白かった」という発言が大半を占めると思います。それでは学級レクの感想を聞いているのと変わらなくなります。ここはエンカウンターの目的に沿った気持ちが引き出せるように発問しないといけません。

　さぁ、知恵を絞って答えてください。

「　　　　　　　　　　　　　　　　　　　　　　　　　　　　　　　」

　「質問ジャンケン米田バージョン」の応用として、質問内容の難易度を変えたカードを何種類か作成し、短時間のエンカウンターを繰り返し実施することをお勧めします。

C．夢を語る（先ほどのペアのままで行う）

　このエクササイズの目的は、一連の自他理解を深める取り組みの中で、互いの未来の夢を自己開示することで生まれる気づきを語り合おうというものです。
・聞き役と話し役に分かれ、聞き役から「あなたの夢を聞かせてください」と話しかけ、相槌を打ったり質問を入れながら、相手の夢をクリアにするお手伝いをします。
・話し手は、ペアの相手役に話せる夢を語ります。大きなものでなくてもよい。「来年度はこんなところをこんなふうにできたらいいな」でかまいません。
・2人の椅子を景色のよい方向に横並びになるように動かして実施します。

〈実施上の留意点〉

　「夢と言われても漠然としていて話せない」というような状況が予想されるのであれば、子どもたちの現状に応じて、「勉強面（スポーツ、音楽や美術、学校生活、家庭生活等）で、1年後に（あるいは、卒業する頃に）どんなふうになれていたらいいなって思いますか」といった質問カードを作成するか板書しておき、「相手が詰まるようだったら、カード（黒板）を見なが

ら夢を聞いてあげてね」と説明して配布しておきましょう。

練習問題2 （応答例はP.67）
「夢を語る」のシェアリングで、どう発問しますか？　考えてみましょう！
　このエンカウンターの目的は、互いの未来の夢を語り合うことで自他理解を深めることですから、それをわかりやすい言葉で聞けばいいですね。
　では、どうぞ。

> 「
> 　　　　　　　　　　　　　　　　　　　　　　　　　　　　　　」

D．印象を語る
　「質問ジャンケン米田バージョン」と「夢を語る」で得た相手の印象を、15秒程度の短時間でペアの相手に伝えます。次のエクササイズ「他己紹介」の準備となります。

E．2人組から4人組──他己紹介
　他己紹介は、エクササイズを通じて知り合えた相手のことを、他のペアに紹介するエンカウンターの基本技です。
　このエンカウンターの目的は、出会ったメンバーと自他理解を深めることで、よいリレーションを築くことです。
　一番印象に残ったことから始めて23秒で紹介を終えて、「これでいいですか？」と当人に了承を求めます。紹介されたほうは、おおむねよければ「はい」と答えましょう。

練習問題3 （応答例はP.67）
　AからEのまとめのシェアリングで、どう発問すればよいでしょう？
　AからEのエンカウンターの体験を通じて得られたものに関して尋ねればよいですね。
　では、どうぞ。

> 「   」

応用問題1 授業の手法として、使える場面はないでしょうか？（応答例はP.67）

- ・
- ・

実践初期の留意点

　実は、私は指導主事になった年からエンカウンターを学び始めました。今から考えると何という厚かましさだろうと思うのですが、その年の終わりにはエンカウンターの研修の講師に名乗り出ていました。その初めての頃の受講生が、今は指導主事になっているのですが、最近彼らと話をしていて、その頃の印象を聞かせてもらいました。「教員自身が体験を深めてから実践しよう」「エンカウンターは本を読んでできるような簡単なものと軽く見てはいけない」とよく戒めていたということです。何と言われるのかとヒヤヒヤして聞いていたのですが、間違ったことは言っていなかったのでホッとしました。

　では次に、エンカウンターに取り組み始めた方のために実践のポイントをお伝えします。

(1) 目的を明確にすることが何よりも重要

　エンカウンターの成否は、リーダーの目的意識が明確であるかどうかにかかっています。これは授業やカウンセリングにも通じるものです。普段、「今日の授業の目的はこれこれだから、展開はこんなふうにしていこう」とか、「今日の面接の目的はこれこれなので、クライエントのニーズに応じながらこんなふうに進めていこう」と考えてから実践しているように、エンカウン

ターも目的が明確に意識されていなければなりません。目的が明確であるから成功するというわけではありませんが、目的がクリアでなければゲームで終わることは必定です。

その目的も「このエクササイズの目的は自己受容です」といった抽象的な言葉だけでなく、「他者を祝福し、他者から祝福される体験が目的です」というように、自分の言葉で表すことが大切です。もちろん、対象となる子どもたちにわかりやすいように「よいところを見つけて伝えてあげたらどんな気持ちがするか、それを言ってもらったらどんな気持ちがするかを話し合ってね」というように、噛み砕いた表現にすることが大切です。

この点を私は國分先生から念入りに指導していただきました。はじめは意味がわからず、その重要性に気づけなかったのですが、実践するうちにあることに気づきました。シェアリングが深まる発問ができるときは、自分の頭の中に明確な目的意識があるときなのです。

たとえば、ペアで握手するエクササイズをしたとします。

目的意識がはっきりしないリーダーでも、シェアリングのときに「気づいたことや感じたことを、どこからでも結構ですから発言してください」と紋切り型の発問はできるでしょうが、そこで発言が出なければ立ち往生してしまいます。

これに対して目的がはっきりしているリーダーは、「このエクササイズの目的は、握った手からどんな気持ちが湧き起こってくるかを語り合ってもらうことです。というのは、人間は握手のように身体のどこかが他の人と触れ合うと（身体接触）、気持ちの変化（感情交流）が起こりやすいからなんです」と、理論を踏まえてインストラクションのときに目的を話すので、参加者もシェアリングするべきことがはっきりしていて発言しやすく、その内容が深まっていくのです。

(2) ショートエクササイズから始めよう

いきなり学活の１時間丸ごとを使ってエンカウンターをしようというのは、意気込みは壮とすべきですが、子どもに迷惑をかける公算が大きいと思います。まずは、朝の学級会や終わりの会などで短時間のエンカウンターを

いくつかこなしてからだんだんと規模を大きくしていくことが望まれます。そのためには短時間でできるショートエクササイズ集がいろいろと出版されていますから、その中からエクササイズを選ぶとよいでしょう。ただ、自分のクラスの実情を踏まえながら選ばないと、「ショートエクササイズ集に載っていたやつをやったのに、すごく時間がかかった」ということが起こりますから要注意です。

(3) 面白くてためになり、理論にかなっているか

まず、子ども集団の興味や能力からいって無理がないかどうか吟味しましょう。はじめのうちは、誰もが参加しやすいエクササイズを選ぶことです。その上で、仲間を知る、自分を知ってもらう、感情や役割を伝え合うことができる構成になっているかを検討します。その際、自分の発問や指示に理論的な根拠はあるか、目標達成に効果があるかを考えましょう。

また、「プライドが傷ついた」「自分を出しすぎた」「無理に言わされた」「見たくない自分を見て混乱した」ということのないように、配慮が必要な子どもの把握と事前・事後の対応を欠かさないようにしましょう。そのためには、ネガティブな感情を表現することを許容することや、ときには沈黙する権利があること、自己開示するといっても何を言ってもよいというわけではないということを、子どもたちに周知することが大切です。

(4) リーダーの自己開示はできているか

インストラクションのときに、リーダーが事前に自己開示してデモンストレーションすることを習慣にしましょう。また、「あるがままの自分を受け入れている」先生であることが大切ですし、常に自己開示のモデルとなることを心がけましょう。

(5) 楽しさを強要しないで、負の感情を出せることを大事にする

子どもたちが体験するエンカウンターは、「面白くて、ためになる」ことが大切であることは述べましたが、人間の感情には光の部分と陰の部分があります。エンカウンターは、「人間は人それぞれである」ことを学ぶ場です

から、みんなが楽しくなることを強調しすぎると、楽しくない子どもには気持ちが言えないエンカウンターになってしまいます。楽しさを強要する「強制的グループエンカウンター」です。「みんなは楽しいと言っているけれども、おれは握手とかが苦手だから、こういうのはユウウツだ」と感じた子どもは、その気持ちを素直にみんなの前で言える雰囲気を醸成することが大切です。

(6) ワークシートに書かせるだけじゃ、エンカウンターにはならない！

　研究指定を受けたある中学校のエンカウンターの研究授業を参観に行ったことがあるのですが、驚いたことにほとんどすべてのクラスでワークシートに感想を書かせるだけでシェアリングがおしまいだったのです。進行管理がうまくいかなくて、たまには書くだけで終わってしまうこともあるというのならまだしも、「書く」という認知的作業を進めることは、せっかく生まれた気づきをしぼめてしまいます。映画館に行って感動的な映画を見た後、「すぐに感想文を書きなさい！」と言われたらどうでしょう？　多くの人が「書けと言われたら書けないことはないけれど、もう少し、この気持ちを味わわさせてよ」と思うことでしょう。

　書くことは味わった気持ちを減殺してしまうことがあるので、感情を伴った気づきを膨らませるには、「自分の口から自分の言葉で音として発信すること、そしてそれを互いに交流する」こと、これがシェアリングの基本であることを忘れないようにしましょう。

(7) シェアリングできるように時間管理はできているか

　シェアリングをしなければ、エンカウンターと称しているだけでゲームやレクリエーションと変わりません。しかし、はじめのうちはエクササイズを凝った内容にしてしまって時間が足りなくなり、シェアリングできないことがあります。終了のチャイムに声がかき消されないように「じゃ、今日はここまでにしますから、今から配るシェアリング用紙に感想を書いてきてください」と大声を張り上げないといけなくなってしまいます。

　なぜこういうことになるかと言うと、計画段階でも実施場面でも時間管理

が十分でないからです。私はいつもストップウォッチを持って時間管理に努めています。十分なシェアリングの時間を確保するには、事前計画の段階でエクササイズをシンプルなものにするだけではなく、実施中に時間の流れを把握しながら進めていきましょう。

(8) 飽きがこない工夫をする

ワンパターンに陥らないために、子どもたちの行動・思考・感情の３つのボタンをバランスよく押すようエクササイズの選択や順序、やり方を工夫しましょう。

(9) エクササイズは余分に準備する

あるエクササイズがうまくいかないとき、別のエクササイズに差し替える準備があると、いざというときに慌てずにすみます。他のエクササイズの準備がなければ、差し替えることができません。参加者の状況に応じてエクササイズを変えられる余裕が、よいエンカウンター体験につながっていきます。

質の高いエンカウンターの実践をめざして

(1) 研究授業並みの指導案をつくってみよう

指導プランなくしてエンカウンターなし

私は、よいエンカウンターは上質な授業と似ている部分が多いと思います。ですから、よい授業とはどんなものかがわかっていると、エンカウンターの指針として応用できると思います。

では、よい授業ができたときの要因を振り返ってみましょう。おおよそ、次のように集約できるでしょう。

①学習目標が明確で、教員と子どもとの間で共有されている。
②授業内容が子どもたちのレディネス（準備状態）に即している。
③学習目標に適した教材が用いられている。
④学習目標の達成に適した展開が構成されている。

これらの点から考えると、エンカウンターの実践も研究授業の学習指導案のようなプランができていれば進めやすいと言えます。

　学習指導案を作成する場合、いきなり本時の学習過程から書き出す人はいないでしょう。まず、単元の目標や評価規準を定め、児童観・生徒観、教材観、指導観をまとめてから学習過程を立案していくのが定石です。エンカウンターでも同じように、学級づくりの年間計画と現段階での目標、受け持つ子どもの様子等をもとに構成を考えましょう。そして、どのようなインストラクションを行うか、エクササイズをどう展開するか、適したシェアリングの手法は何かを明確にしていきましょう。

　たとえば中学１年生の４月の始業式でしたら、生徒は異なるいくつかの小学校から進学してきて、借りてきた猫のような状態であることが多いでしょう。初日のエンカウンターの目標は、「座席が近いクラスメートと知り合うことで、新年度の不安を減らすこと、期待を膨らませること」に定めます。そして、エクササイズの構成は、先の練習問題で考えていただいたものを用いるのはいかがでしょうか。初日の学活の20分を使い、ペアで「質問ジャンケン」→質問カードを用いた「夢を語る」→４人組になって「他己紹介」という流れを組み立て、シェアリングは「教室へ入ってくる前と今とでは、『大丈夫かなぁ』という不安と『頑張るぞ』という期待の分量はどんなふうに変わったかな」と発問する、というように決めていきます。

(2) 参加体験して自己理解を深めよう
自分のことがわかる程度にしか相手のことはわからない

　私はエンカウンターの実践を始めた頃、エクササイズは何とかこなせるんだけれども、シェアリングになると何を聞いて、何を話してよいのかが皆目わからなくて、四苦八苦していたことがあります。先輩たちのリーダーぶりを見ていても、本をいくら読んでもわからないのです。

　思い余って國分久子先生に「全然、シェアリングができないんです」とご相談しましたら、日頃の私をご覧になって見抜いておられたのでしょう。間髪を入れずに「それは米田さん、あなた自身の自己理解ができていないからよ。自分のことがわかっている程度にしか相手のことはわからないから、自

己理解が深まっていないとシェアリングで切り込んで聴いていくことはできないのよ」という内容の助言をいただきました。「そうか。自分自身のことから始めるのか」と、頭に稲妻を浴びたような気がしたのを覚えています。

　それからの数年間は、機会あるたびに宿泊型のエンカウンターのワークショップに参加しました。そして、自分でも「今回はここまで自己開示できた」とか「次の機会にはこのことが語れるようになれていたらいいな」といった目標設定や自己評価ができるようになりました。そのうちに、自分で言うのもおかしいですが、私が自己開示することで周囲の参加者の自己開示が深くなるのを感じることがあるようになってきました。後から考えると、自分が自己開示のモデルの1つになることができたのではないかと思います。

　そして、そんなふうに感じることができるようになる頃には、「シェアリングは奥が深いなぁ」とは思うものの「今日はシェアリングが全然進まなかった」ということはなくなっていました。エンカウンターのリーダーをするためには宿泊型の研修を受けるとよいと言われますが、自己理解を進めるにはやはりこういった集中体験がよいと思います。

　もちろん、自分自身に参加体験があると、クラスで実施したときに、子どもの気持ちに近づけるという利点がありますし、シェアリングの際に「私が参加したときにはこんな気持ちになったんだけれど、私と同じ気持ちになった人っていますか？」「そのとき、こんな意見もあったんだけれど、それを聞いてどう感じましたか？」というように、自分の体験を活用することができます。

(3) 学ぶ仲間を増やしていこう

　宿泊型の研修に参加しても、なかなかリーダーになって仕切る勇気が湧かないことがあります。やはり、習ったことを練習する場が必要です。研修会に参加した人を中心に、校内やあるいは学校を超えた関係の有志で仲間を募って研究会をつくることをお勧めします。「エンカウンター道場」です。

　私も、大学の教え子や私の研修を受講なさった幼稚園・小中高等学校の先生方が集まる研究会をつくっています。そこでは、参加者を子どもに見たて

て既存のエクササイズを練習したり、新しいエクササイズを開発したりと、研鑽を積んでいます。

(4)「習うより、教えよ」──校内研修を担当しよう

　私が講師を務める「育てるカウンセリング講座」のウリの1つは宿題があることです。中級コース以上では「エンカウンター研修の講師に名乗り出て、その結果をレポートする」というものがあります。「習うより慣れろ」という言葉がありますが、私から言わせると「習うより、教えよ」です。教えるためには高い技量が必要ですし、自分自身がわかっていることとわかっていなかったことが整理でき、不足している部分を自覚できて補うことができます。

　人に教えるという行為は、一気に上達するための極意だと思います。

(5) 日常生活の中にエンカウンターを取り入れよう

　研修等で「エンカウンターをどんな時間にやればいいですか？」という質問があったときには、「年に1回、学級開きのときだけ、とってつけたようにエンカウンターをやって、後は時間がないのでできなかったというのは言い訳です。朝の会や終わりの会、授業のちょっとしたスキマの時間でもエンカウンターはできます。授業の調べ学習をエクササイズに見立てて、グループ発表にシェアリングの方法を取り入れるなど、日常生活の中でエンカウンターすること、つまり日々の生活の中で自他理解を深めてふれあいのある人間関係を育てる指導ができるようになることこそ、私たち教員がエンカウンターを学ぶことの意義ではないでしょうか」とお答えしています。

> 練習問題1の応答例

例1「質問ジャンケンをする前と今とでは、2人の距離感はどんなふうに変化したと感じているか、話し合ってください」
例2「質問ジャンケンをする前と今とでは、どんなふうに気持ちが違っているかを語り合ってください」
追加の発問「気持ちが語り合えたら、振り返ってみて、2人の関係が近く

なったと感じた質問と、そうでなかった質問はどんなものだったかを教えてください」

練習問題２の応答例

　この問題の答えはシェアリングの工夫１に詳しく書きました。ご自身のエンカウンターの学びの進捗度とクラスの状況に応じてどんな発問にするかを選択してください。

練習問題３の応答例

例１「エンカウンターを始める前と今とでは、気持ちがどんなふうに変化したかをお互いに語り合ってください」

例２「エンカウンターを始める前と今とでは、気持ちはどう変わりましたか。安心の量が増えましたか？　それとも不安の量が増えましたか？　心地よい気持ちが増しましたか？　それとも不快な気持ちのほうが大きくなりましたか？　『どう感じたか？』によい悪いはないので、今の正直な気持ちを話し合ってください」

応用問題１の応答例

　「２人組から４人組――他己紹介」は、学級会での話し合いや国語の教材の感想を話し合う場面、美術や技術家庭科での作品や音楽の鑑賞の話し合い、社会や総合的な学習の時間での調べ学習、理科のグループ実験・観察での話し合いなど、様々な場面で能動的な学習を引き出すために活用することができます。

3 ソリューション・フォーカスト・アプローチ

原因を深追いせずに解決をめざそう

　前節は集団を対象とする技法の柱となるものを学びましたので、この節では個人対象の相談活動に生かせるソリューション・フォーカスト・アプローチ（Solution-Focused［解決に焦点を合わせた］Approach　以下、ソリューションと略します）という手法を紹介します。ソリューションは、ブリーフセラピーという心理療法の理論の1つです。1980年代では日本であまり知られていなかったのですが、急速に普及し、今や「ソリューションはブリーフセラピーの古典」とまで言われるようになりました。

　ソリューションの考え方や話し合いの道筋は、個別の相談だけではなく学級会の話し合いや事例検討にも応用できる優れたアプローチです。

ブリーフセラピーとは

　ブリーフセラピーの「ブリーフ」とは、「短期の」「簡便な」という意味です。時間的にも費用的にも、そして相談者の心理的負担の面からも、カウンセリング理論の多くは可能な限りブリーフであることをめざしているでしょうし、また、そうでなければいけないと私は考えます。でもそうなると、カウンセリング理論はすべてブリーフということになりかねないので、ここでは数回から十数回程度の面接によって解決をめざすカウンセリングの総称と定義しておきます。

　さて、ブリーフ・カウンセリングと一口に言っても、大きく分けて3つの

流れがあります。1つは精神分析療法の枠組みを壊さない範囲で簡便化した時間制限心理療法の流れ、もう1つはA・エリスの論理療法を源流とする認知行動療法の流れ、そしてM・エリクソンの臨床活動の研究から出発したいわゆる「ブリーフセラピー」の流れです。

3つめのブリーフセラピーについても様々な理論があります。ベイトソンの理論をもとに悪循環に陥っている問題を断ち切るような逆説的介入を行うMRIモデル、症状を除去するために目標を立てて計画的に問題解決を図るヘイリーやマダネスらによる戦略派モデル、バンドラーやグリンダーによるNLPモデル、そして、本書で取り上げるソリューション・フォーカスト・アプローチなどです。

ソリューションは、相次いで故人となったスティーブ・ド・シェイザーとインスー・キム・バーグが1980年代後半に提唱したシンプルなモデルです。短時間でできる、進め方が明快、有効で応用力が高い、安全性が高い、クライエントの負担が少ない、研修が比較的容易といった長所を持っています。効果的な上に使いやすいアプローチなので、日本の教育の場においても盛んに導入されています。

ただ、このアプローチには落とし穴があります。

理論や技法が洗練されて簡潔であるので比較的学びやすいし、修得すれば短期の解決を図れるのですが、「ちょっと習えばすぐできる！」と錯覚しがちなのです。他の理論と比べて「比較的短い期間で習得できる」ということであって、やはり、かなりのトレーニングを積む必要があります。

ソリューションの考え方

(1) 解決志向は教育の志向と合致している

教育の場で用いる利点としては、短期間で解決を図れるという長所以外に、学校の教育活動の基本は一人ひとりの子どものよりよい未来を築くという「解決志向」の場なので、もともと馴染みやすい風土を持っていることがあげられます。と申し上げても、「解決志向とは何か」が共有されないと話が進められません。次に、キーワードである「解決志向」について説明しま

す。

(2)「原因がわかれば解決の方法が見つかる」という囚われ

　私たちは、「問題」に出くわしたときに「原因はなんだろう」と考えることが多いのではないでしょうか。たとえば、「水虫で足の指が痒くてたまらない」という問題（症状）の原因は「白癬菌」です。原因である白癬菌を抗真菌剤で除去すれば、解決を図ることができると考えます。問題の原因が特定できれば、原因を取り除くことで問題解決できるという考え方で、これを「原因―結果モデル」と呼びます。

　ところで、この「モデル」は、私たちの周りで起こる種々の心の問題にも適用できるのでしょうか。

　実のところ難しいことが多いのではないでしょうか。

　こう言うと、「そんなことはない。だって今日、職場でカッとなって感情的に大声を出してしまった（結果）のは、1日中イライラしていたからなんだ（問題）。というのは、朝、家を出るときに『今日も帰るのは遅いの？いいわねぇ、仕事仕事って言って、保育所の迎えも、夕食づくりも何もしないでいいんだから。私だって働いているのに』って配偶者からイヤミを言われたからなんだ（原因）。ちゃんとモデルどおりになっているよ」という方がいるかもしれません。でも、この「原因―問題―結果」の判定はつきにくいのです。

　万が一「配偶者からのイヤミ」が大声を出してしまったことを引き起こしたとしても、それはいくつかの原因の中の1つにすぎないかもしれません。たとえば、このところ体調がよくないことも原因かもしれないし、コンビニへお弁当を買いに行ったら、お目当てのデラックス唐揚げ弁当の最後の1つを目の前の客が買ってしまったせいかもしれないし、お昼休みに提出書類のことで期限を守るように教頭先生にきつく言われたせいかもしれません。それに、「配偶者からのイヤミ」でイライラしない日もあるでしょうし、100人いたら100人とも「配偶者からのイヤミ」でイライラするわけではないのです。

　第一、ここが肝心ですが、それが唯一の原因であっても、解決に向けて動

くことはできません。少なくともタイムマシンが製造されてからでないと、その時点まで戻ってイヤミを言われないようにするといった対策が打てません。心の問題の特徴は、たとえ原因がわかったとしても、そこにさかのぼって解決することはできないということです。ということは、原因を追うことにエネルギーをいくら費やしても、あまり効果的とは言えないということです。それに「問題」を探っていくのは疲れるし、分析は分析で終わることが往々にしてありますし、明日のエネルギーになりにくいのです。そんなことにエネルギーを使うのは、はっきり言って損です。私も以前は原因を分析するのが好きでしたが、ソリューションを学んで以来、「損とわかっていることはしない」という浪速っ子の信念のもとに原因探しはやめて、この解決志向に切り替えました。

　さきほど水虫を例に示しましたが、学校で起こる人間関係や心の問題も原因が特定できないことが多いのです。原因が推定できても複数の原因が絡み合っていることもあり、単純に「原因―結果モデル」を適用することができない場合が大半だと思います。機械の故障のように単純には扱えないのです。子どもが問題を起こしたとき、その解決のために子どもの問題を指摘したり、保護者に生育歴を聞いて原因探しをしてもなかなか解決につながらなかったのは、感染症の治療や機械の故障の修理に用いる「原因―結果モデル」を心の領域にまであてはめたことに起因します。

問題志向モデルと解決志向モデル

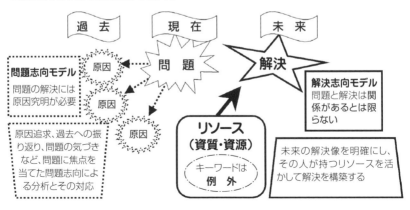

(3) 「解決の構築」が求められているのであって、そのために必ずしも原因の解消は必要ない

　「原因―結果モデル」のアプローチは「問題志向」で、まず**「問題の特定」**を図り、次に過去にさかのぼって問題が起こった**「原因を探索」**し、推定された**「原因に介入」**するのが一般的です。したがって相談活動であれば、初回は、「どういったことでお悩みですか？」「困っていることはどんなことですか？」と相談者に尋ねることになり、WHY（なぜ・どうして）が多くなります。

　それに対してソリューションは、原因を追わずに解決をめざしていく「解決志向」を最大の特色にしています。問題の原因を探るために過去にさかのぼって聞くということがありません。めざしているものが「問題の原因は何か？」ではなく、「相談者にとっての解決とは何か？」であるからです。めざすものは、次の2点です。

---

①相談者と共同して相談者の満足のいく未来のイメージをつくること
②両者の協力で相談者の長所と力量を理解し、それを使って未来のイメージを実現すること

　つまり、まず**「解決像を確定」**し、次に解決を構築するための**「リソース（資源・資質）を探索」**し、**「行動を起こす介入」**をしていくのです。したがって、「どんなことが起きたら、今日、ここに来てよかったと思えますか？」「それが起こったら、今と何が違ってくると思いますか？」「私に、どのようなお手伝いができますか？」という質問から始まって、うまくいったことやできそうなことについて話し合いますので、HOW（どのようにして）が多くなります。

表　問題志向と解決志向のアプローチの違い

問題志向		解決志向
問　題	特定するもの	解決像
原　因	探索するもの	リソース
原　因	介入するところ	行　動

学校で子どもたちに見られる諸問題は、不登校であっても、いじめであっても、学級の荒れであっても、原因を特定できるかというと、類推や解釈はできても、客観的な根拠のある1つあるいはいくつかの原因に行き着くことは至難な場合がほとんどです。ましてや原因の特定が「家庭の責任である」とか「社会が悪い」というようなレベルであれば、それは要するに「お手上げです」と言っているだけですから、プロフェッショナルにあるまじきものいいと言えます。

　「どうして、煮詰まったときだけ過去の原因を追いかけるの？」「日々の教育のあり方は、『あれができない、これができない』と言わずに目標をめざして進むスタイルなのだから、問題にぶつかったときだって同じようにすればいい」というのが私の考えです。問題のある過去を掘り返すより、まず「ありたい姿」「解決が訪れたときには今とどこがどう違うか」ということを明らかにして、「そこに向かって、今日、何ができたらいいかを考えて進んで行こう」というのが解決志向です。

　反省ばかりして元気がなくなってしまうやり方と比較して、解決志向は未来の希望に向かって進んで行きますので元気になれます。また原因を特定するための「犯人捜し」をしないので、子どもと保護者、教員がチームになって進んでいけます。問題志向から解決志向への考え方の変更が、大きな変革につながるのです。

(4) ソリューションは他の理論との相性がよい

　私はソリューションを学んでしばらくは、「解決志向は未来をクリアにするカウンセリングだから、過去の生い立ちを聞いて原因を探るようなカウンセリングの理論とは相容れない」と勝手に思い込んでいたのですが、これが全然そんなことはないのです。他の理論との相性がいいというか、抵触しないことがほとんどではないかと思います。だって、カウンセリングを受ける人の多くは人生に問題があって、よくなりたいから相談に来るわけですから、原因を分析してからその対処について考えていく手法であっても、「解決像」を聞いておくことは問題がないだけでなく、役に立つのです。

ソリューションのこのツボを押さえておこう

　ソリューションを使った相談活動の流れを説明する前に、ソリューションを支える4つの前提と3つの中心哲学を説明します。私は大学の「教育相談」の講義でソリューションを取り上げていますが、学生たちにこれを暗記させて口頭試問しています。

　相談活動をするときに、この「4つの前提」「3つの中心哲学」が頭の中に入っているのといないのとでは丸っきり質が違ってきます。覚えていないことは使いこなせませんので、読者の皆さんもぜひ覚えてください。

(1)「発想の4つの前提」
A．変化は絶えず起こっており、そして必然である。変化は多様な理由・方向から生まれる。

　援助者が「解決を妨げる様々な大きな原因がある」と問題志向の罠に陥ってしまうと、「これは難しい問題です。時間がかかります」と言ってしまうことがあります。そう言われた相談者は、原因がわかって当座の安堵を少しは得られるかもしれません。しかし一方で、「変わらなくていいのだ」「時間がかかっても仕方ない」という気持ちが引き出されるので、結果として問題を長期化させることがあり得ます。

　ソリューションは、「人は常に変化するものであり、むしろ変化しないであり続けるほうが難しい」と考えます。こう信じて接することで、「あなたは変われるよ」というメッセージを伝えることができるのです。

　この1つ目の前提はとっても重要です。4つの前提は、信じるか・信じないかという選択に任されていますが、心底からこの前提を信じることがポイントです。

　以前、転校を機に不登校となり、家にこもって家族に暴力を振るっている中学生の家に訪問教育相談をしていたことがあります。インテークで会えて継続面接の約束はしたものの、数か月間、門前払いを食らいました。毎週、雨にも負けず風にも負けず、門を見に行って手紙を置いておく日々が続いて

いたときに、私自身がくじけずに続けられたのは、この前提を学んだおかげでした。これは援助者が信じていると相談者に伝わるようで、その後、その生徒は学校復帰して高校へ進学したのですが、保護者の方がその子に私のことを聞いたところ、「米田は徹頭徹尾、俺を信じてくれた」と言ったそうです。

B．小さな変化が、大きな変化につながる。

　小さな具体的な変化に焦点を合わせるのがソリューションの勘どころです。

　援助者は、相談者が解決へのドミノ倒しの最初の１枚に取り組むお手伝いをするだけでよいのです。インスー・キム・バーグはワークショップの中で、「解決への糸口が見つかるちょっとした援助が面接中にできれば、面接中に解決しなくても、相談者は面接室を出てから面接室以外のところで解決を見つけて進んでいける」という意味のことを言っていました。中学校の先生が、一朝一夕には指導が入りそうもないやんちゃ君と接するときに、「今すぐではなくても、20歳のときには立派な人間になっているように育てよう」と考えるのに似ているなと思いました。

C．「解決」について知るほうが、問題や原因を把握することよりも有用である。

　ソリューションは原因に焦点を当てません。先ほども申し上げたとおり、特定されたように見える原因が、必ずしも問題や症状を生み出しているとは限らないからです。それどころか、かえって「余計な意味づけ」をしてしまって、「問題がつくられる」危険性さえあり得ます。

　たとえば、「顔色が悪いけど、寝不足なの？」と尋ねられて、しんどくなってしまうことがあります。「そういえば、しんどいような気がする」と答えたら、共感を大切にしてくれて「それは大変ね。つらいね」と返され、さらに元気がなくなり、しんどさの自覚がはっきりして、「今日は、もう帰ったほうがいいかも」となっていくわけです。特に問題をつくろうという気持ちはなくても、問題を指摘し、その感覚を共有していくうちに、どんどん問題が顕在化して大きくなり、本当の問題に育ってしまうのです。

　問題や原因を把握することよりも、生活の中の「宝物（解決）」を一緒に見つけることが大切です。過去は変えられないが、未来は変えることができるからです。

D．相談者は彼らの問題解決のためのリソースを持っている。相談者こそが解決のエキスパートである。

　相談者は、自分の内にも外にもリソース（資源となるもの・資質）を持っています。私たち教員は、子どもたちや保護者のリソースを見つけることが重要な仕事であると言っても過言ではありません。

　リソースには、能力・興味・得意分野などの内的リソースと、家族・友人・愛用の物・動物・ペット・外部機関・地域などの外的リソースがあります。リソースを把握するには、何よりもできるだけ直接、本人に聞くことですが、その際には、内的、外的の両面を聞いていきましょう。

　なかにはリソースをリストアップしようとしていても、問題をリストアップしてしまうことがあります。こういうときの秘策は、それに「能力」とか「～力」という言葉を足して考える方法があります。たとえば、「子どもについつい甘くなっちゃうんです」というお母さんは「甘やかし力」と言い換えるのです。すると、『甘やかし力』は愛を与える能力だから大切ですよ。それで体をつくる食物も食べ過ぎると害になるように、使い過ぎは子どもをダメにしますよね。で、今、『甘やかし力』の使いどころだと思って意識しておられるところと、ここは甘やかし力のダイエットが必要だなと思われるところはどんなところですか？」といった具合です。これをやると、その人の持っているものの中で何を生かしたらいいかが見えてきます。

　つまり、問題の周辺にリソースがあることが多いのです。「この人の中には、絶対、この件を解決に導く宝物がある」と考えて接する人だけが、リソースを見つけることができるとさえ言えます。

(2) すべての場面に適用される「3つの中心哲学」

　ソリューションは、「できないこと」より「例外」の中から**できること**を見つけ、「**持っていないもの**」でなく「**持っているもの**」を使い、人が本来持っている「**解決する力**」を引き出していきます。

　ソリューションの根幹となる中心哲学は、「3つのルール」から成り立っています。

> 〈ルール１〉もしも、うまくいっているなら、それを直そうとするな。
> 　→すでに起こっている解決の活用
> 〈ルール２〉もしも、一度でもうまくいったのなら、それを続けて行え。
> 　→例外の活用
> 〈ルール３〉もしも、うまくいっていないのであれば、（何でもいいから）違うことをせよ。

　問題が生じて解決が図られていないときには、この３つのルールのどれかに反しています。

　〈ルール１の無視〉うまくいっているのにやり方を変えて失敗する。

　このルールの無視は、よく見られます。たとえば、担任の努力で不登校だった子が別室登校できるようになって定着してきたので、空き時間の先生が時おり見に行くようにシフトを組んだら、事情をよく把握していない先生が「別室に来られるくらいだったら、教室に行けるだろ」と言ってしまって、ぷっつりと登校が途絶えてしまったというようなことです。

　私も別室登校をしている生徒につきあったことがあるのですが、放ったらかし状態が続いたり、次から次へと先生が来たり、休み時間には扉をドンドンと叩く子どもが絶えなかったり、お手洗いに行くのも登下校するのも息を潜めて周囲の様子をうかがいながらだったりと、思った以上に大変なものです。このようなしんどい別室登校をずっとしようと思う子はいないと思います。「ここにいるくらいだったら」と感じて次のステップに移ろうと決意する時期が来るまで、続ければよいのです。

　〈ルール２の無視〉うまくいっている部分もあるのに活用しない（うまくいっているのを「偶然」ととらえている）。

　これもよくあります。家庭で暴力を振るうことの多い子どもの相談で、「家を飛び出して小１時間経って戻ってきたときにはケロッとしていた」というエピソードがあるのに、その対処スキルが見落とされて「偶然」として却下され、子どもが家から飛び出そうとすると「どこに行くの。おうちにいなさい！」ともみ合いになって暴力が増幅されているといったケースなどが

典型です。

　うまくいったことが起こったとき、どうやってその解決を構築することができたかを吟味する視点を持つことが大切です。こういうケースでは子どもに聞くと、「それ以上家にいたら、爆発すると思ったから」とか「カッカきているときは、外へ飛び出してバァって思いっきり走ると気分が違ってくるんだ。暴力を振るっても結局は自分も嫌な思いするからさ」というようなことを教えてくれます。それを踏まえて、「そうか、外に飛び出して怒りをおさめる力があるんだ！」「それを続けられるように環境を整えてあげればいいんだ！」と、こちらもアイデアが湧いてくるのです。こういうときは本当に「宝物、見つけた！」という気分になれますし、それを保護者や一緒にその子にかかわっている人々に伝えると、チームワークに磨きがかかってくるという仕組みです。

　〈ルール３の無視〉うまくいかないのに「わかっちゃいるけど、やめられない」と、同じ方法に固執している。

　「朝、子どもをいくら起こしても起きなくて困る」といった相談が典型例です。あの手この手でだめだったのに、他に方法が思いつかないのでお互いに傷つけ合いながら、慣れた方法を使い続けているわけです。このような場合は、ルール３に従って違うやり方を試していかなければいけません。

　私は、ソリューションを東京大学の森俊夫先生に教わったのですが、森先生が「このルール３は『下手な鉄砲も数打ちゃ当たる』ですよ。試してみてはずしていたら、次は正反対のことをして、そのうちに『近い！　かすった』というものが出てきたら、そのあたりを打ちまくるんです。ルール３を適用しないといけない人は、それまでにいっぱい失敗しているので、あと２回や３回失敗しても許してくれますよ」とおっしゃっていましたが、本当にそのとおりでした。

　基本的にルール１とルール２を忠実にやっていけば、はずすことはほとんどないのですが、「これがうまくいかなくても大丈夫。打つ手はいろいろあるから、試していって切り札を増やしていきましょう」と説明するので、子どもや保護者と共同作業を遂行する感覚になれて、ルール３はとても有効です。

以上の３つのルールは大変シンプルですが、幅広く応用することができます。幸せに生きるためのルールとも言えます。基本的にはルール１の適用、次いでルール２、それでもうまくいかないときはルール３と進んでいきます。

　先にも述べたように、援助者が問題志向に引き戻されないようにするには、この３つの哲学を自らによくよく言い聞かせておくことが肝要です。でないとソリューション言葉を使っているのに問題志向になってしまいかねませんので。

ソリューションの基本的な流れ

Ａ．解決像の構築
　①主訴や問題の歴史の聴取
　②関係性のアセスメント（査定）
　③目標の設定「ここに来た結果として、どんなことが違ってくることを期待していますか？」
Ｂ．リソースの探索
　④例外の探索：奇跡のかけら探し
　⑤差異の明確化
Ｃ．介　入
　⑥コンプリメント：労をねぎらう
　⑦課題設定とブリッジ
　⑧ゴール・メンテナンス（２回目以降：解決の維持と発展）

　相手との関係性にもよりますが、１回目の面接時に①～⑦まで進みます。
　と言っても、必ず①→②→③→と進めるというわけではなく、基本を示していると考えてください。行ったり来たりもします。要は解決像を構築するための話し合い（ソリューション・トーク）を進めることです。

A．解決像の構築

①主訴や問題の歴史について耳を傾け、同時によい人間関係を築く

　解決志向の面接といっても、相談者の主訴を聴かないということではありません。結構、ここのところを履き違えている人が少なくないように思います。

　相談する人は、「問題を聞いてもらいたい」「相談というものは問題から語るものだ」と思っている人が多いので、リレーションを形成するためにも聴きます。経験的に言って15分前後は問題に耳を傾けますが、多くの時間はかけません。頃合いを見て「今、話してくれたことに対して、私はどんなお手伝いができたらいいかな？」「これまでにどんなことを試したの？」と聞いていきます。

　また、この段階は面接の入り口なので、「相手と合わせる」作業をします。取り繕った感じではなく自然体で、相手に合わせた呼吸、仕草、声のトーン、相づちなどから「話を聞いてもらえそう！」と感じてもらえる関係を築きます。またそういった非言語的なことだけではなくて、「すごいね！」といった感嘆詞も交えて相手が評価してほしいと感じているところや、努力や工夫しているところを見つけて肯定的な評価を示します。このように労をねぎらったり、肯定的な評価を示すことをコンプリメントと言います。

②面接者と相談者の関係のアセスメント（査定）とその関係性に応じた対応

Ⅰ．ビジタータイプ

⇒困っていない。解決を期待していない。誰かに言われて仕方なく来た。
対応・話し合いに応じたこと、来談したことの労をねぎらう。（コンプリメント）
　　・本人の興味のあること、得意なこと等を話す。（リソース探しをする）
　　・状況の肯定的な側面を強調し、「また、話をしない？」などと、できるならば次回の面接の予定を提案する。

　学校でよく見られる子どものタイプです。たとえば、教師から厳しく言われて渋々相談に来た反集団的行為を繰り返す子どもでも、本人は「自分が問題」とは思っていないことがあります。私たちは、まず「何とかしなければ」とか、「何とかしたい」という期待や思い込みを手放し、「〜すべき」といっ

た説教をしないことが大切です。本人の興味関心のあることなどについて雑談をする等、「相談してもいいなぁ」と思う環境づくりをすることのほうが先決だからです。

ビジタータイプには「コンプリメント」と「リソース探し」の対応までなのですが、それをしているうちに関係性が変わってくることが多いので「状況の肯定的な側面の強調と次回の面接の約束」に移ったり、別の関係性の対応に変えたりします。

その子どもに相談を勧めた人がいれば、できるだけ本人に了解をとり、次回に向けてその人と連携をとって互いの分担を明確にして、協力体制を確立することもしていきます。

Ⅱ．コンプレイナントタイプ

⇒何とかしたいが、問題は周りにあって自分にあるのではない。

対応・来談したことをねぎらい、観察力をほめる。詳しい情報提供が解決に必要であることを強調する。
　　・「例外」を確かめ、「もっと起こってほしい・続いてほしいこと」について話し合う。
　　・他者や状況に関する「例外探し」の観察課題を出す。自己に関する観察課題は出さない。

このタイプの保護者は、どの学校にもいますね。「先生、うちの子ども、全然勉強しないんです。希望している学校に行けるように、何とかしてください。私はあの子のことを思って一所懸命なんですが、本人があの調子ですし、父親もこの状況がわかっていなくて不熱心なんです。うちの人にも一度ガンと言っていただけませんか。そうそう、先生、国語の○○先生、授業中に脱線ばっかりしておられるの、知ってますか？　うちの子、○○先生の冗談のところしか聞いていなくて、全然学力がついていないんです。他のお母様方も困っておられますよ、『教育委員会に訴えようか』って。それからね……」と延々と続くわけです。

「こういう関係性で話し合うのは苦手だ」という教員が多いのですが、こういう関係性でお話しになる方は、改善に熱心な方がほとんどなので、この関係性さえ打ち破ることができれば強力な援軍になってくれることが多いの

です。こう言うと、「うそぉ」という反応をする方が少なくないのですが、真実です。

　しかも、関係性を変えるのはそれほど難しいことではないのです。

　だって、どうしてコンプレイナントタイプになったかを考えてみれば、どうすればよいか、すぐわかります。それは、今までに相談しても受け取ってもらえなかったことに起因しているのです。相談したのに相手がアクションを起こさなかったので、「伝え方が足りなかったのだ」と考えてより強力な伝え方をしていくうちに、相手は批判や強制を感じて余計に距離を置くようになってしまい、それで仕方なくさらに異議申し立てを重ねていくわけです。

　ということは、対応としては、まず「しっかり聴くこと」です。そして「教えてもらえてよかった。ありがたい。よく状況を知っておられるので、とても助かる。この情報を教えてもらうことなしに解決は図ることはできない」ということを伝え、その観察力をコンプリメントするわけです。そして、最後に「もっと起こってほしい変化が、いつどんなふうに起こることがあるか」を観察して報告してくれるように依頼して、次に会う約束をします。

Ⅲ．カスタマータイプ

⇒解決のために取り組みたい、自分にも問題があり、変わらないといけない。

対応・来談したことや問題状況の中で相談者がやってきた対処、変化への意欲をほめる。
　　・「例外」を確かめ、「解決像」や「ゴール」について話し合う。
　　・各流れを経て、具体的な行動課題を出す。「この宿題は楽ではないと思いますが、解決に向けて大きな意味があります」という枠を示してもよい。

　このタイプは、ソリューションの流れに沿って面接を進めていきます。

　関係性のアセスメントの留意点としては、次の2点があげられます。

・関係性の査定をしているのであって、「コンプレイナントタイプの困った子ども」というように、相談者の人柄の評価に用いないことです。タイプによい悪いはありません。また、ビジターからコンプレイナント、そしてカスタマーへと成長していくというようなモデルでもありません。関係性はしば

しば変化しますが、変化に応じて対応することが大切であるということです。
・アセスメントに困った場合は、番号の小さいほうの対応にとどめます。たとえば、ビジタータイプかコンプレイナントタイプか迷ったら、ビジタータイプの対応にとどめます。

③目標についての話し合い

②の関係性のアセスメントの結果、コンプレイナントタイプやカスタマータイプの関係性の場合、③の「目標の設定」に進みます。

面接が始まって相談者が話し始めて来談の経過を一通り話して一息ついた段階で次のように尋ね、解決像を探ります。

> ・「話はわかってきたよ。それで、今の話のどこがどんなふうになれば『解決した』って思えそう？」
> ・「解決したら、私にしてくれた今の話の何が今と変わっていると思う？」
> ・「結果として『こうなっていればいいなぁ』とか『こうなりたい』ということはどんなこと？」

つまり、将来に話を向けて未来のイメージをつくり、「何がゴールなのか」を話し合うわけです。「ゴール」とは、「解決像」から導かれるより具体的で達成可能な目標を言います。

電車で行楽に出かけるのにたとえると、解決像はめざす行楽地で、ゴールは駅です。解決像に近づいていくための一里塚と言ってもよいでしょう。要するに、「〜となっている」という解決像を描き出し、現時点から解決像への見通しを持ってゴールを設定していくのです。

「ゴール」の条件は３点です。
・重要であるが小さいもの。現実的で達成可能なもの。
・具体的で、行動の形で表される明確なもの。
　　例：「頑張ります」→「私は来週の火曜日の学級会で発言します」
・否定的でなく、肯定的な言い方で語られること。終わりではなく始まりで

あること(「~がなくなる」「~しない」→「~する」)。
例:「遅刻しない」→「8時20分に登校します」)

B．リソースの探索
④例外の探索——失敗しなかったことから学ぼう

　例外の探索は、解決像の構築に向けての有効な質問につながっていきます。ここでは、うまくできたことが本人から出てきたとき、何をどのようにうまくできたのかを具体的にコンプリメントしつつ、しっかり聞くことがコツになります。どんな聞き方があるのか、以下に紹介します。

事前の例外探し　カウンセリング前の「すでに起こっているよい変化」を見つけよう

　「相談しようと思ってから今日までの間に、すでに何かよい変化を体験しなかった？」

例外探し　失敗しなかったことから学ぼう（すでに存在している解決の一部）

　解決像を明確にする代表的な質問です。顕微鏡で探すように小さな例外を探します（マイクロスコーピング・クエスチョン）。「小さな例外は何か？」と常に頭に置いて話を聞くと、自然にこの大切な質問ができます。

　「それでさぁ、そんな状態の中で、最悪じゃなかった日とか比較的ましだったときってあった？」

　「問題が起こらなかった日とか、問題が起こっているけどあんまり気にならなかった日ってなかった？」

　「(解決像の話の後で) 今の話の中で『それ、もう現実になってるよ』ってことがあるとしたら何かな？」

　「(例外があれば) それは、いつ、誰が、どんなときに、どんなふうにして、何が起こったことがきっかけでそうなったの？」

　相談者はよいことを忘れていることが多いので、時間をかけて『例外さがし』をします。例外には「偶発的例外」と「意図的例外」がありますが、例外が発見できたら、こう聞きます。

　「どうしてそんなことが起こったのかな？」

　「何が役に立った(よかった)と思う？」

「あなたはどうやってそれをしたの？」

サバイバル・クエスチョン、または、コーピング・クエスチョン

「そのような大変な状況の中で、いったい、どんな工夫をしてきたの？」

「そんなつらい生活の中、それでもそれ以上にはひどくならないようにふんばるために、どんなことをしているの？」

ミラクル・クエスチョン　今、起こっている奇跡のかけらを探そう

「今夜あなたが布団に入って眠っている間に奇跡が起きたと考えてね。その奇跡というのは、あなたを困らせている問題や悩みが、すべて解決してしまうという奇跡なんだよ。それもうそのようにね！　でも、あなたはずっと眠っていたから、奇跡が起こったことがわからないんだよ。それで、翌朝目が覚めた後、あなたはだんだんと『あれ、これはいつもと違うなぁ。ひょっとして奇跡が起きたのかな』って気づいていくんだけれど、その日の朝からの生活の中で、どんなことから奇跡が起きて問題が解決してしまったことがわかってくると思う？」

　ミラクル・クエスチョンは、視覚、聴覚、体感覚など五感をフルに使って、変化へのプロセスは省略してリアルな解決像をつくり、小さな差異を明確にします。堂々巡りの話で流れを切りたいときなどに入れることもあります。

　ミラクル・クエスチョンをされた来談者がキョトンとしても、手を替え、品を替え、工夫して丁寧に問い続けることが必要なときもあります。相談者にとっては突拍子のない質問なので、なかなか答えが返ってこない場合があるからです。

スケーリング・クエスチョン　抽象的な話を具体的に、ゴールを小さくするために

　スケーリング・クエスチョンは、通常、これまでにあげた質問の後に尋ねます。

・「最高が10点、最悪が０点としたら、今は何点かな？」
・（「３点」という答えだったら）「その３点の中身はどんなこと？」
・「仮にちょこっと点が、たとえば１点上がって４点になったら、今とどこが違うと思う？」

　スケーリング・クエスチョンは学校で特にうまく使える質問なので、後ほど練習しましょう。

⑤差異の明確化「どこが違うのでしょうね？」

例外が取り出せたら、「どうしてそんなことが起こったの？」「どこが違うので、そんなことが起こったのかな？」「何が役に立った（よかった）と思う？」「あなたはどうやってそれをしたの？」と、例外が起こった状況と問題状況にあるときの差異を言語化します。回答が得られたら、「他には？」と丁寧に聞いていき、例外を支えるものを明らかにしていきます。

C．介入──基本的な流れは、コンプリメント→ブリッジ→課題
⑥コンプリメント（ねぎらう）

教育の専門家として相談者の考え方や行動を高く評価し、敬意を表し、労をねぎらいます。何気なくやっていることを専門家が積極的にコンプリメントするだけで、十分な介入になります。強力な介入ですので、事実を示すだけで十分ですし、やりすぎないことです。逆効果になりかねません。

⑦ブリッジ（橋を架ける）と行動課題

ブリッジとは、次に紹介するいろいろな課題をすることの意味やよい可能性について説明し、納得して課題に取り組んでもらうための橋渡しの文脈づくり（状況づくり）をすることです。

中学3年生の進路相談で学力不安の訴えがあったとします。ソリューションの流れに従って面接し、介入の段階に来たときの一例を示します。

「来年の高校入試に向けて学力が不安だということで相談してくれたよね。君の『自分ではどうしていいかわからないことは、誰かに相談しよう』という判断と勇気は、私には草一本生えていない荒れた山を緑の山に変えようという、強い意志を持った人の手で植えられた1本目の苗木のように感じるんだ。だから、強い意志を持つ人が次々に苗木を植えてそれらを育てるように、君がこれから私の提案する課題に納得して、それに一所懸命取り組んでいけば、来年の今頃は緑輝く若木に覆われた山にすることができると思うんだ。もちろん、大自然は厳しいから、大雨の日や日照りが続いて植えた苗木が枯れそうになることもあるかもしれないし、最初に植えた苗木はその土地に向いていなくて、違う品種に植え替えないといけないこともあるかもしれない。でも、強い意志を持つ君は、それらを乗り越えて青々とした山を育て、

気が付いたら君自身も立派に成長して、今日話してくれた不安は過去の話になっている。そんなふうに私は思うんだけれど、どうだい、やってみるかい」

どうでしょう、新緑の頃の第1回目の進路懇談の時期に、このような話でブリッジを架けるのはきっとフィットするでしょう。その子どもの個性と状況に合った橋渡しをすることで、この面接の課題を遂行しようというモチベーションが違ってきますから、ここが知恵の絞りどころです。

行動課題とは、「あなたの問題を解決するためにこんな方法がよいでしょう」と課題を出すことです。次のような課題があります。なお、ビジタータイプの関係性の相手には、課題は出しません。

Ⅰ．観察課題

コンプレイナントタイプに対しては、例外探しを含め「次回の約束の日までに、これこれのことが、どんなふうに起こっているかをしっかり観察してきてくれる？」と、状況をよく観察してもらう課題を出します。カスタマータイプの関係になっているときは、自己観察も含めて例外探しの観察をしてもらう課題を出します。観察課題は「初回面接公式課題」とも呼ばれる、いかなるケースにでも出せる安全で有効な課題です。

Ⅱ．ドゥーモア課題：もっとする（行動課題の基本）

カスタマータイプの関係性があり、「意図的例外」が見つかっているときに「それは、すごくいいね。それをもっとやってみて」というように出す課題です。

Ⅲ．ドゥー・サムシング・ディファレント課題：何か違ったことをする

カスタマータイプの関係性で、中心哲学のルール1とルール2に当てはまるものがない場合、何か違ったことをしたり、やったことがないことを探して課題にします。今までやったことをリストアップして、「他に何か、何でもいいからこれ以外のことを試してみようよ。どんなことができるかな？」と、現状を変える課題を一緒に考えて出します。「次までにやってみて、うまくいったら続けて、うまくいかなかったら、また違う方法を考えていこうね」と約束します。

Ⅳ．予想課題：予想○△×、理由と点検

「偶発的例外」（たとえば、天候等）を見つけているときに使います。「明

日が気分がよい日かどうかを予想し、よい〇・悪い×・わからない△で印をつけてその日を振り返り、次の日も予想を立ててみよう。1週間、毎日それを繰り返しやってみて、その結果を表にして見せてくれる？」と課題を出します。

Ⅴ．プリテンドミラクル・ハプンド課題

　ミラクル・クエスチョンに詳しい回答があったときのカスタマータイプの関係のときに出す、奇跡が起こったかのような「ふり」をする課題です。この課題に取り組んだ子は、「めっちゃ疲れましたぁ」などとニコニコしながら言いますが、眼を見張る改善が起こります。

　「好きな日の1日を選んで、奇跡が起こったかのように振る舞ってみて。そして、周りがどんな反応を示すか、皆に内緒でやってみて、結果を教えてね」と言葉かけをします。

Ⅵ．ランダム課題：大きなゴール（目標）が出たとき、小さくするために使う

　課題を実行するかどうか、コインの裏表で決めます。学校に行きづらい状況の生徒から「今日、登校するかしないか自分では決められないので、先生が決めてください」と言われたときにこの課題を使いました。「そんな決め方でいいの？」と聞くものですから「今日はこれでいいよ」と答えましたら、以降は自分でコインを投げるようになりました。

　この課題のよいところは、何回投げるか自分で決められるところです。「3回投げて決める」と思っても、納得がいかなかったら回数を増やしていいのです。自分の状況に応じた選択を後押しするよい方法です。

⑧ゴール・メンテナンス（2回目以降）：解決の維持と発展

　面談がうまくいけば初回に①から⑦までやってしまい、次に会ったときの方針がゴール・メンテナンスです。廊下でバッタリ会ったときの立ち話といった状況でも可能です。

・よい変化があったとき→よい変化の徹底究明

　「あれからどう？」と聞き、よい点が引き出されたら「それってどうやったの？」「どんなふうにしてできるようになったの？」と尋ねます。課題がうまく設定されていれば、自ずからこの話が出ます。

・よい変化が見つけられなかったとき→適切な課題の再設定

　もし前回の課題の話が出ないようであれば、初回の課題設定がまずかったということです。あらためて新規まき直しの課題を一緒に考えます。ときには③目標の設定や④例外の探索に戻って、話し合いを再度行ったほうがよいこともあるでしょう。

　ここまでのポイントをまとめます。

> ・相談者の言葉に注意を払い、彼らの言葉を使う。
> ・相談者に自分自身の専門家になるよう励ます。
> ・相談者と面接者の間に協調関係をつくる。
> ・相談者についての先入観にとらわれない。
> ・相談者が抱えている問題は何か、どんな方法で解決するかをはっきりさせる手助けをする。
> ・面接者の責任は、相談者が目標をはっきり口にできるようにすること。
> ・相談者が実行可能な解決法を一緒に探る。

相手を見つけて練習しよう

練習問題1　スケーリング・クエスチョン（初期バージョン）を練習しよう

　ロールプレイの相手をお願いできる人に、次の会話の相談者になってもらって練習しましょう。終わったら、相手から評価してもらいましょう。
テーマ：「最近の生活を振り返って」
①最近の生活を振り返って、最高を10点、最悪を0点にしたら、今は何点くらいですか？

　（かなりしんどい状況のときは、「普通を10点とすると……」と言い換える）
②どうやってその点にしたのですか？

　（リソースを引き出すのが目的です。「〜できなかったから」と減点法で話す人には、「そうではなくて、どうやって0点から積み上げたのかを教えてください」と、「0点」と言う人には「±0の＋の部分を考えて」と返

しましょう)
③他には、どんなことが?
(内的なリソースから外的なリソースまで、幅広くいろいろな側面から聞いていきます)
④仮に1点上がったとしたら、今と比べて、どこがどんなふうに違っていますか?
(小さな差異の明確化が目的です。①の点数が低いときは「ほんの少しだけ、たとえば0.1点上がったとしたら、今と比べて、どこがどんなふうに違っていますか?」と言い換える。「1点上げるために何をしたらいい?」とは聞かない)

応用練習 スケーリング・クエスチョンを学期末の懇談や行事の後のまとめに用いよう

個人対象だけでなく、プリントをつくってクラス全員を対象に聞くこともできます。
①君の1学期から最近の生活を、最高を10点、最悪を0点で表すとしたら、何点くらいだと思いますか?
(しんどい状況のときは、「普通が10点」に変える)
②そうなんだ。どうやってその点にしたかを教えてよ。
(子どもがキョトンとしていたら、「何かをしたから〜点になったんだよね。ソフトボールの試合に出るようになったことも〜点のうちかな? 他には?」と、具体例を示して聞いていく)
③いいねぇ。それでさ、2学期末にも「私が〜点だった?」って聞いたとするよね。
そのとき、仮に君が「1学期より1点上がって〜点だよ」と言ったとするじゃない。
そしたら、そのときと今とでは、どこがどんなふうに違っていると思う?
④ひょっとして、今もそうなっているところがあるのかもしれないね。
今日はありがとう。また(いついつに)話してもいいかな?

練習問題2　別バージョンのスケーリング・クエスチョンで対応力を高めよう

　練習問題1ができた方は、解決像も聞けるスケーリング・クエスチョンを練習してみましょう。これもロールプレイの相手をお願いできる人に、会話の相談者になってもらい、終わったら振り返りをします。

①思い描ける最高の1週間を10点、今まで体験した最悪の週を0点としたら、今週は何点でしたか？

②その点の中身は何ですか？（生活のいろいろな側面のリソースを丁寧に聞く）

③ところで、10点のときってどんな感じですか？
　（「奇跡」の世界を具体的に聞く。「どんなときに、満点だと感じる？」等）

④とりあえず、何点をキープしたいですか？（何点であれば、やっていけますか？）

⑤あなたの体験上、その点を維持するのに役立つこととか、心がけておくとよいことって何ですか？（③と④の開きが大きい人には、「1点上がったら」を尋ねる）

⑥コンプリメント→一緒に行動課題を設定する→次回の約束をする。
　コンプリメントは事実を指摘して賞賛する。
　ゴールは、①具体的、②肯定的、③小さいもの、を設定する。

ソリューションを用いる際にしくじりやすい点とその対策

　「せっかく習い覚えたソリューションを実際に使ってみたけれど、何だかうまくいかない」、そんなときは次の点をチェックしてみましょう。

(1) 当初の「合わせる」ができていないので、カウンセリング全体の効果が上がらない

A．気づかずにではあっても「先生」「大人」といった権威を借りて話を進めているので、相談者が生返事をしたり、こちらをあまり見なくなったりして「もう、この人とは話したくない」と感じている。

・はじめは気持ちを聴いてほしいと願っている相談者が多いにもかかわらず、親身に聴いていない。

・ビジタータイプの関係性なのに、課題を出してしまうなどステップを次に進めてしまう。
・すぐに話をまとめてしまう。
・相手の使っていないキーワードや違和感のある言葉を用いている。
・相手が固まっているのに、気にせずジェスチャーたっぷりに対応している。
・姿勢や声のトーン、呼吸が合っていない。

B．「軽い人だな」と思われる。
・相づちが多すぎる。早すぎる。
・共感的応答が多すぎる。繰り返し技法が多用されていて煩わしい。
・相手が沈んでいるのに、笑みを浮かべている（緊張すると笑ってしまう癖のある人は特に注意が必要）。

C．「馬鹿にしているのか」と不快感を与えている。
・すぐにコンプリメント（賞賛）を入れてしまう（「ほめ殺し」的カウンセリング）。
・カウンセラーばかり話している。
・コンプレイナントタイプ（「私には問題がない」と思っている相談者）の関係性であるのに、本人自身にかかわる行動課題を押し付けようとする。

対策

①「軽やか」であることは重要だが、それは軽いノリとはまったく異なることを肝に銘じること。
②自分の非言語的（ノンバーバル）な癖を把握して、十分でない部分があれば修正を図っていく。
③自分の言語を伴う応答技法の傾向を把握して、修正すべき点があれば改善を図る。

課題チェック1 「練習問題1　スケーリング・クエスチョン（初期バージョン）を練習しよう」（P.89）をもう一度やってみて、修正できたかどうかチェックしてもらおう。

(2) 話を聞くことで問題を広げている。傷つけている

・問題志向の場面で大きく反応している。
・不要な質問で問題志向がもたげてくる。
・解決志向の質問技法を用いながら、過去の問題を探っている。

対　策

解決志向を実践できるように「４つの前提」「３つの中心哲学」を徹底しよう。

課題チェック２　次の問題を解いて、ソリューションとは何かを復習しましょう。（解答はP.96）

問題志向の３ステップ	解決志向の３ステップ	……料理にたとえると
①（　　　）の確定	①（　　　）の構築	（　　　　　　）
②（　　　）の探索	②（　　　）の探索	（　　　　　　）
③（　　　）に介入	③（　　　）に介入	（　　　　　　）

発想の４つの前提

A．

B．

C．

D．

３つの中心哲学

〈ルール１〉

〈ルール２〉

〈ルール３〉

(3) 相談者の描く解決像ではなく、面接者の考える解決を強制してしまう

よく見られる過ちとして、次のようなものがあります。

・相談者の目標ではなく、面接者が相談者の目標を決めている。
・母親面接で子どものゴールを大人が設定する等、そこにいない他の人の話をしてしまっている。
・相手との関係性がカスタマータイプではないのに、行動課題を渡している。

対　策
・相手との関係性をしっかり査定する。関係性の変化に応じて対応を変える。
・「ここにいない人の話はできない。変えられるのは自分と未来です」という前提を示す。

(4) 次回の予約や課題の達成度を確かめる契約をしていないので、課題が実行されない

カスタマータイプの関係性のとき、よく見られる過ちに次のようなものがあります。
・いわゆる「詰めの甘さ」が出てしまって、「いい話ができた」で終わってしまう。
・決意のレベルを引き上げる介入をせずに面接を終えてしまう。

対　策
・次回までのゴールを最後に確認する。どんなゴールか、できるだけ相手の口から言ってもらう。
・ゴールが過大な設定になっていないかを吟味し、過大なときは比較的簡単に達成できるように小分けにする。

(5) 番外編──予想外の答えが返ってくると、行き詰まってしまう
対　策
・面談前にシミュレーションする癖をつけておく。
・ロールプレイを数多くこなす。
・優れた面接の録音を何度も聞く。逐語録を音読する。

ソリューションの面接のポイント

最後に、ソリューションの面接のポイントを整理しておきます。
①常に4つの前提と3つの中心哲学に照らし合わせて合致しているかを吟味する。
②最初の段階では、上手に聴いて相手とチームになる。その際、必要に応じ

て主訴にも耳を傾ける。
③相手との関係性を踏まえて面接を進める。
④解決をめざすことに同意を求め、同意が得られたら解決の構築の段階に進む（契約する）。
⑤解決像は、抽象的なものではなく具体的なものにする。たとえば、「やさしくなりたい」ではなく、「やさしくなったときには何をしているか」を明確にする。
⑥自ら得ている情報を含めて、幅広くリソースを探して、リソースであることを相手と共有する。
⑦聴くだけに終わらず、具体的な行動につながる宿題が出せるようにする（ビジタータイプは除く）。

守破離

　ソリューションの話は以上です。
　ソリューションの基本的な流れや留意事項は意味があって形づくられたものですので、はじめは自己流ではなく、やり方を守って練習することが大切です。私ははじめのうち、手帳に手順と主な質問を記入したメモを作成して、面接中に困ったらそれを見ておりました。そのうちに、そのメモを見なくても面接ができるようになりました。つまり身に付いたのだと思います。今では、そんなこと全然意識せずに面接しています（「こんなに解説しておいてそれかい！」と怒られそうですが）。
　伝統芸能や武道の世界でよく言われる、「守破離」に近いものがあると思います。まずは教えを正確かつ忠実に守り、それを身に付けます。次に、その身に付けたものを破り、自分の個性に合ったものに発展させていきます。最後には、ソリューションから意識は離れ、でもソリューションがめざす境地はしっかり押さえているという感じです。
　さらに言えば、実際にはソリューションのみの技法で面接するのではなく、ソリューションも含めて相手に応じた最善の方法をということを考えていくことが大切だと思います。

課題チェック2の解答

問題志向の3ステップ　　　解決志向の3ステップ　　　……料理にたとえると
① (問題) の確定　　　　　① (解決) の構築　　　　　(食べたい物のレシピ)
② (原因) の探索　　　　　② (リソース) の探索　　　(材料の調達)
③ (原因) に介入　　　　　③ (行動) に介入　　　　　(調理)

発想の4つの前提

A．変化は絶えず起こっており、そして必然である。変化は多様な理由・方向から生まれる。

B．小さな変化が、大きな変化につながる。

C．「解決」について知るほうが、問題や原因を把握することよりも有用である。

D．相談者は彼らの問題解決のためのリソースを持っている。相談者こそが解決のエキスパートである。

3つの中心哲学

ルール1　もしも、うまくいっているなら、それを直そうとするな。

ルール2　もしも、一度でもうまくいったのなら、それを続けて行え。

ルール3　もしも、うまくいっていないのであれば、(何でもいいから) 違うことをせよ。

4 ソーシャルスキル教育

日常生活での人間関係のコツを教えよう

なぜソーシャルスキル教育が必要か

(1) ソーシャルスキル不足は人間関係のトラブルのもと

　幸福な人生を築くには良好な人間関係が欠かせませんが、それには、自分の考え方や気持ちを相手に具体的に伝えたり、逆に相手のそれを受け止められなくてはなりません。

　そういった「よい人間関係を築き、それを維持していくために必要な知識や具体的な技術を総称したもの」をソーシャルスキルと言います。

　私たち教員は、「あの子は引っ込み思案な性格なので、クラスでポツンとしていることが多いなぁ」とか、「あの子は父親に似て、うまくいかないとカッと怒り出す」と、「性格」とか「素質」といった「変えにくいもの」に原因を求めてしまって、本人も周囲も「持って生まれたものだから仕方ない」とあきらめてしまいがちです。しかし、「円滑な人間関係の築き方は、教授可能な技術だ」と考えれば、教育者としてのアプローチができるわけです。人間関係がうまくいかないのは、先天的なもののせいではないのです。

(2) ソーシャルスキル不足の代表選手は、「やんちゃっ子」と普段は引っ込み思案の「キレる子」

　すぐに暴力に訴えて自分の思うとおりに物事を進めようとする「やん

ちゃっ子」と、日頃は引っ込み思案だけど、ときとして「キレる子」は、多くの学校にいると思います。一見両極端に見えるこれらの子どもは、人間関係がうまく築けないということでは共通しています。

「暴れん坊タイプのやんちゃっ子」は、相手の気持ちや考え方を読み取れない、あるいは読み取らないので、相手の都合はお構いなしに自分のことを主張しているように見えます。声が大きすぎたり、距離が近すぎたり、思うとおりにならないと怒り出すことが頻繁なので周りの子からは避けられているかもしれません。

逆に、「引っ込み思案でときにキレる子」は、普段は黙っていることが多かったり、話しても声が小さかったり、表情が乏しかったり視線が定まっていなかったりします。また、自分の考えや要求を主張することが少なく、自分を抑えて相手の言いなりになりがちです。日常生活上のちょっとしたトラブルの問題解決も苦手で、鬱憤がたまって、ときに爆発してしまいます。

要するに、対人関係がうまくいかない原因は、

①相手の反応を表情や言動から読み取ったり、今自分が置かれている状況等を読み取ることが難しい。
②前項の①に沿って、自分の感情を把握し、考えをまとめることができていない。
③前項の②ができても、その考え方や気持ちを他者にうまく伝えられる形にできていない。

等の可能性が考えられます。いずれにせよ、認知面や行動面に取り組むべき課題があるわけです。

(3) 足りないものは足せばよい

ソーシャルスキル教育は、「うまく人間関係が築けない」という対人行動の問題を、先天的な性格や遺伝や環境のせいにするのではなく、伝え合う技術の有無や、学習性の問題としてとらえて改善を図る技法です。つまり、人間関係がうまくいかない子どもは、ソーシャルスキルが十分に学べていなかったか、「黙り込む」とか「暴力に訴える」といった不適切なスキルを学んできたせいであると考えて、教育によって改善しようというのがソーシャ

ルスキル教育です。箸の使い方や自転車の乗り方を学んだように、他者との
かかわり方を学ぼうということです。

(4) ソーシャルスキルを育てよう
　ソーシャルスキルは、教育分野での取り組みの歴史は浅いので、スキルと
かトレーニングという言葉を聞くと「人間関係を訓練するなんて、心がわ
かっていない証拠だ」とか「学校でそんなマニュアルを子どもに押し付けて
個性を奪ってよいのか」「人間関係は自然に学んでいくのが一番。そんなこ
とまで学校でするなんて過保護だ」といった考えが頭をよぎるかもしれませ
ん。かつては、家庭や地域社会、学校で生活する中で自然に身に付けられた
ことが、人間関係が希薄化する現代社会の中では難しくなっているのです。
　友達の中に入らない子どもや感情のコントロールがうまくいかない子ども
が教室で目立ち、教室全体を見ても「クラスがまとまらない」「子どもたち
が燃えない」「教師の指導が入りにくい」等、「子どもが変わった」という実
感を持ったことがあると思います。以前は、運動会や文化祭などの行事に
よってクラスは自然とまとまっていったのが、その取り組み以前にエンカウ
ンターやソーシャルスキル教育で子どもたちを育てておくことが必要な時代
になったということです。これからは、学校でソーシャルスキルの獲得を援
助する取り組みを推進する必要性がますます増していくでしょう。

ソーシャルスキル教育の流れ

(1) ソーシャルスキル教育の基本的な流れを知って援助しよう
　日常生活の中で対人関係のソーシャルスキルが使われる流れを見ると、次
のようなプロセスになっています。
　A．相手の反応を解読する
　まず、その場の状況や相手の状態を、言葉や非言語的な行動から的確に読
み取り、判断する段階です。相手に注意を向け、言語としてのメッセージだ
けでなく表情や仕草や周囲の環境から総合して、相手のメッセージを読み取
ります。相手の反応を正確に解読できる力は、対人関係の基盤となる重要な

部分です。

　相手の反応を読み取るスキルが不足している子どもには、人物の表情や行動の写真やビデオを提示して、メッセージを解読する手がかりを教えるといった練習をして補っていきます。

B．目標と「どう行動するか」を決める

　次の段階は、Aで行った読み取りをもとに、その場の状況で何をめざすかという目標（対人目標）を決定し、その目標を達成するためにどのように行動するのか（対人反応）を決定する段階です。自分の考えをまとめたり、問題を把握して解決に向けて適切な意思決定をする過程です。次のような流れで問題解決を図ります。

---

①問題の明確化
②問題についての情報収集
③異なるいくつかの解決法の発見
④それぞれの解決方法の長所と欠点の検討（最善の解決法の選択）
⑤最善の解決法の実行とその効果の評価　　　　　　（P.112～参照）

　目標を決めてどう行動するかを決めるのが苦手な人には、「問題解決スキル」をトレーニングします。ソーシャルスキル教育は、1回の流れで解決を図ることを保証するものではないことや、うまくいかないときには、さらにこの流れで考えて行動することに、粘り強く同意を得て、定着を図ります。

C．感情を統制する

　Bで決定した行動を的確に実行するために、感情をコントロールする段階です。それまでの感情に振り回されていては、対人関係で読み取りができて、どう行動するかを決めることができてもうまくいきません。たとえば、面白おかしい話をしながら友人と歩いていて、たまたま悲しげな表情を浮かべている知人と出くわしたら、面白おかしい気持ちの表情や話しぶりのままで、その知人に話しかけることはまずいわけです。

　感情の統制がうまくできない子どもには、対処の仕方についての自己会話を促す「自己教示訓練」や「怒りのコントロール法」等を用います。

D．対人反応を実行する

　自分の思考や感情を、正確な言葉や非言語行動（声の大きさ・高さ・速さ、表情、仕草、相手との距離など）を用いて相手に伝える段階です。

　「わかっているんだけれど、できないんだ」というような子どもには、「振る舞い方」を具体的に教えます。質問したり、話題を変えたり、会話を終わらせたりといった適切な応答も必要となります。

(2) スキルの構造を知って援助しよう

　ソーシャルスキルは、下図に示すようなピラミッド状の階層性を持った構造をしていると考えられ、下の段のスキルが上の段のスキルを支えています。つまり、下の段がグラグラしている状態なのに、上の段のソーシャルスキル教育を実施しても、効を奏さないか、ひどい場合は害が生じます。そういう意味においてもアセスメント（査定）が大切なのです。

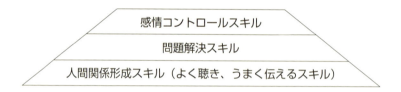

　学校でよく見られる失敗事例を2つあげます。
①非攻撃的な自己主張のスキルを教えたのに、教えただけに終わってしまい活用されていない

　コミュニケーションはソーシャルスキルですから、流れは①外界からの情報の受け取り、②その処理、③発信となります。ですから、出口の発信だけ教えてもらっても①に課題がある子どもには「宝の持ち腐れ」になってしまいます。実は、私の子どもも学校で非攻撃的な自己主張のスキルを教えてもらった経験があるのですが、その直後に私が「習ってみてどうだった？」と尋ねましたら、「いつ使ったらいいのか、わからない」という返事でした。特に「空気が読めない」と称されているようなタイプの子どもには、かえってスキル不足を露呈させることになりかねません。

たとえば、「あいさつのスキル」が典型です。一番多い失敗は、先生が「あいさつは相手の目を見て大きな声で『おはようございます』って言うんだったね。今日はそれを練習しましょう」というようにやってしまうことです。これでは、大人の押し付けモデルです。
　ソーシャルスキルは、「よい人間関係を築き、それを維持していくために必要な知識や具体的な技術」という定義ですが、その人が所属している集団への適応を図るのに役立つものでなくてはなりません。「大人が考える望ましいあいさつ」ではなくて、「子どもたちが心地よいと感じるあいさつ」がターゲットスキルになるでしょう。
　あいさつのスキルをすでに身に付けている多くの子どもたちは、「あぁ、これはこの時間だけの『きれいごと』の話だな。よし、わかった。この時間は先生の言うことにつきあおう」と状況判断するスキルがあるからまだいいのです。情報の受け取りの入り口部分やどう判断するかのスキルが不足している子どもがそれを信じて、翌日に教室の扉をがらっと開けて、昨日ソーシャルスキル教育と称する時間で学んだスキルを実行したらどうでしょう。「あいつは空気が読めないやつだ」と笑い物になります。一昔前の「徳目を押し付ける道徳教育」みたいな得体の知れない取り組みになって、陰で泣く子どもを増やさないように、しっかり勉強してから実践するようにしましょう。

②問題解決スキルが向上していないのに、感情コントロールを求められて余計にしんどくなる

　学校でよく見られるソーシャルスキル教育の失敗事例のもう1つは、基盤となるスキルが不足しているのに上位のスキルである「感情コントロールスキル」を教えようとする取り組みです。「ストレスマネジメント教育」と称して実践されていることもあると思います。
　先日も、「受験前のストレスについての授業をしたのに、時間中に『こんなのできない』って頑としてやらない子がいたんですよ」と話してくださった中学校の先生がいたので、「どんな内容だったんですか？」と質問しました。すると「1時間しかとれなかったので、『ストレスとは何か』と『いろいろなストレッサー』の話をした後で、『最近起こった嫌な出来事』を思い出させてリラクゼーションの実習をして、『これをやると楽になるよ』って

教えたんです」というお答えでした。

　私は思わず、「その子の『できない』という反応は、ある意味で健全ですね」と言ってしまいました。怪訝な顔をなさいましたので、「感情コントロールスキルは、問題解決スキルの定着を図ってから次の段階で取り組む課題なので、その取り組み方だと『人生にいろいろ問題やしんどいことがあっても、リラックスして気持ちを平静に保て！』っていうメッセージになってしまいますよ。今までは愚痴を言ったり小爆発で済んでいたのに『我慢せよ』という練習をさせられて、でも人生のトラブルに対するスキルは向上していないので、かえって負の感情が溜まり、爆発したら今までよりひどくなる可能性さえあると思います」と説明させていただきました。

　実は、同様の話は結構他にもあります。実証的なデータとしては示せないのですが、ある小学校の先生から、「5年生に感情コントロールだけの実践を数時間にわたってしたところ、実践直後はどうという『荒れ』はなかったけど、その後しばらくしてから卒業まで大荒れに荒れたことがある。その前後の学年はそういう実践はしておらず、『荒れ』もなかった」というお話をうかがいました。私の話を聞いたその先生は、感情コントロールに特化した取り組みが、「荒れ」を引き出した原因の1つになっていたのではないかと考え込んでおられました。

　九九が言えない子どもに3桁かける2桁のかけ算を強要する先生や、転んだ子どもの傷口に土がついたまま傷バンドを貼る先生はいないと思います。感情コントロールスキルを教えることやリラクゼーションを実施するのが悪いのではなく、順序性を無視した取り組みにならない配慮が必要なのです。

(3) アセスメント──どのようなソーシャルスキルが不足しているかを知る

　子どものソーシャルスキルを育てるには、現状でどの程度のソーシャルスキルを有しているかを知っておく必要があります。知識はあるのか、また知識をどの程度まで実際の行動に移せているのか、あるいは行動を変えようとする意欲はどの程度なのか等です。

　アセスメント（査定）は、大別すると、専門家による評定尺度法・面接法・行動観察法・ロールプレイ法・仲間や保護者や関係者からの情報による「他

者評定」と自己評定尺度法による「自己評定」があります。1つの方法に頼るのではなく、多面的に実施することが肝要です。

　たとえば、同じ質問紙で調査しても、自己評価の観点が厳しい子どもは低くなりますし、自分に甘い子どもは高くなってしまいます。同じスキルでも、こわい担任の先生の前ではできなくなってスキル不足と判断され、他の先生や保護者や友人間ではできるということもあります。

(4) ソーシャルスキル教育の基本的な流れ

　次に、ソーシャルスキル教育の基本の流れを説明します。

A．教示（インストラクション）「目的とルールを共有する」

　ソーシャルスキルの学習の前に、これから学ぶスキルの重要性を説明して動機を高めます。

B．モデリング「よいモデルを集約し、見せる」

　ある対人場面での適切なモデルを提示します。子どもたちから意見を集約して望ましいスキルを見せる方法と、大人が予想される例を示す方法があります。人間は、他者のとった行動が肯定的結果をもたらしているのを見れば真似ようとし、否定的な結果をもたらしているのを見れば行動を抑制しようとします。ですから、子どもの前で見せるモデルは、ふさわしい行動とふさわしくない行動の両方を見せます。子どもたちがモデルを見て、「あのやり方はいいな」「あれはまずいなぁ」と自分で判断して、行動の目標を持てるようにします。「人の振り見て、我が振り直せ」ということです。

　ポイントは、①子どもたちに馴染みの深い対人場面を用いる、②ポイントをわかりやすく説明する、③よいスキルを用いたら、よい結果が得られたところまで見せることです。

C．リハーサル「させてみる」

　適切なモデルを練習させてみます。人間関係に関する知識を頭の中で繰り返し反復したり（言語リハーサル）、ある対人反応を実際に何回も反復すること（行動リハーサル）によってスキルを習得します。

　ポイントは、場面や相手をいろいろ変えながら練習することで対応力を増やすことです。

D．フィードバック「ほめる」「肯定的に修正する」

　行動リハーサルのどこがよくて、どこに改善点があるかを指摘したり、強化します（よい点をほめたり、修正して、やる気を高める）。

　ポイントは、①はじめはうまくできた点に焦点を合わせて公的に評価する、②修正点を指摘する際も肯定的な表現にする（「目を見ていなかったよ」ではなく「次は相手の目を見るともっといいよ」）、③ある程度進んだら、はじめと比べてどれくらい改善したかを知らせる、です。

E．般化「もっと練習する」

　学んだスキルを日常生活場面でも使うように促します。学んだスキルが使える場面でさりげなく指導し、使えていたらほめることで定着を図ります。通信等を用いて家庭に連絡して、家でも取り組んでもらうと効果的です。

　実は、この部分がとても重要です。今までになかった考え方や行動を定着させようというのですから繰り返しが必要です。ソーシャルスキル教育が必要な子どもは、特に他の子どもより念入りに般化することが大切です。家庭の協力が欠かせません。

　私のカウンセリングでは、直接子どもに会わないままに解決が得られて終結することも多いのですが、「問題解決スキル」が必要と感じた子どもの場合には、ワークシートを用いて「問題解決スキル」を育てる方法（P.112～）を保護者に学んでいただいて、それを子どもとの話し合いで実際に使ってもらっています。「今日は、こういう問題があったんだね。この問題に関してあなたができることは……」と紙に書きながら実践してもらっていますが、問題が起こっても、それを解いていく道筋を知っているというのは、悩んだりムカついたりする時間を減らすのにとても効果があります。

ソーシャルスキル教育の授業の実際

　それでは実際にどのようにソーシャルスキル教育の授業を進めるか、見ていきましょう。人間関係形成スキルを習得するための「温かな言葉かけ」（小学校中学年）を例にして説明します。

(1) 導入

　教示（インストラクション）　目的とルールを共有する
①本時のソーシャルスキル学習の目的を明確にします。
　「このクラスをもっとよいクラスにするために、『温かな言葉かけ』にチャレンジしてみましょう」
②ソーシャルスキル学習を進める上での約束をします。
　「今日の学習を進めるために、どんな約束をしておくといいかな」
　この発問に対する子どもたちからの「発言するときは手を挙げる」「聞くときは聞く」等の意見を整理して、確認します。不足している約束があれば、「発言するときは黙って手を挙げるの？　それとも『ハイハイ』って言って手を挙げたほうがいいの？」と質問して、よりよいルールを引き出します。

(2) 展開

　モデリング　よいモデルを集約し、見せる
　問題場面を提示して、子どもたちからよいモデルを引き出し（マスタリーモデルの抽出）、抽出したモデルを確認します。
先　生「たとえばさ、日直の人がメチャクチャ丁寧に黒板を拭いてくれていて、『黒板、きれいになっていくなぁ』って思ったとき、感謝の気持ちをどんなふうにして伝えたらいいと思う？」
子ども「『ありがとね』って言う」
先　生「そうだね、『黒板きれいにしてくれて、ありがとね』って言うといいね（言語的なポイントを押さえる）。他にはあるかな？」
子ども「やさしく言う」
先　生「そうだね、『ありがとね』っていう言葉は、やさしい気持ちで言うと伝わりやすいよね。他には？」
子ども「？？？」
先　生「じゃあさ、私が○○君（先生から一番遠いところに座っている子ども）に温かな言葉かけをやってみるね」
（○○君のほうを見ないで、小さな声で「○○君、ありがとね」と言う）
先　生「これでよかった？」

子ども「近くまで言って言わなきゃ」（適当な距離まで相手に近づくことを確認する）
　　　「○○君を見て言わなきゃダメだよ、先生」（相手の目を見ることを確認する）
　　　「それと、声が小さかったよ」（聞こえる声で言うことを確認する）
先　生「そうかそうか。じゃ、みんなの教えてくれたことを取り入れてもう1回やってみるよ」
（正しいスキルを使って再度演じる）
先　生「これでいいですか？」
子ども「ハイ、いいです」
先　生「ということは、みんなの考える『温かな言葉かけ』は、こうするといいんだね」
（抽出できたマスタリーモデルを板書する）

・「ありがとう」と言う。
・やさしい気持ちで言う。
・そばまで行って言う（近すぎはダメ）。
・相手の目を見て言う。
・聞こえる声で言う（大声はダメ）。

リハーサル（させてみる）とフィードバック（ほめる・修正する）
　基本的な場面で練習して振り返ります。
　「みんなは先生にいろいろアドバイスしてくれたけれど、クラス全員の人に『温かな言葉かけ』ができるようになってもらいたいので、今から2人1組になって練習してみましょう」
（どちらが言葉かけをするかを決めてロールプレイの練習をする）
　「どうだった？　できたかな。じゃ、言ってもらった人が『ここがよかったよ』ということを教えてあげてください。次に『あそこはこうしてくれたら、もっとよかったな』と思うことがあれば言ってあげてください。それが終わったら、言ってあげた人が『ここはできたと思うこと』と『こうすれば

よかったと思うこと』を話してください」

「それでは言ってあげる人と言ってもらう人を交代しましょう」

　般化（もっと練習する）

　応用場面で練習します。

「じゃ、今のペアでもう1問やってみよう。今度は、別にほめられようと思ってしたんじゃなく、日直だから黒板をきれいにしていたら、思いがけず『きれいにしてくれて、ありがとね』と言われたとき、『温かな言葉かけ』で返すにはどうしたらいいかな？」（温かな言葉かけに、温かな言葉かけで応えるスキル）

（感謝の言葉「ありがとう」にプラスして気持ちを表す言葉［感情語］「うれしいよ」を入れるといいことを押さえて練習する）

　〈他の問題例〉

「頑張った友達に対して、どんな言葉かけをしたらよいですか？」

「困っている友達に対して、どんな言葉かけをしたらよいですか？」

「助けてくれた友達に対して、どんな言葉かけをしたらよいですか？」

(3) まとめ

　本時の活動を振り返り、ソーシャルスキル学習のまとめをします。最後に、般化のため、日常的に練習をするように意欲を持たせます。

「最後に今日の宿題だよ。今練習した『温かな言葉かけ』をお家に帰ってから家族の誰かに使ってみること、これが今日の宿題。それで、明日、どんなふうに使ったか、家族はどんな感じだったかを私に教えてください」

　（例が必要であれば、「おうちの人が『晩ご飯ができたよぉ』って呼んでくれたときなんかは、チャンスだよね」と具体例を示します）

ソーシャルスキル教育の実施上の留意点

(1) 個か、集団か

　ソーシャルスキルを教えるのに、クラス集団で行うのと単独の子どもを対象とするのとでは、それぞれに長所があります。

〈クラスで取り組む場合〉
・マスタリーモデルを抽出しやすい。
・フィードバックがしやすい（先生からとクラスメートから受けられる）。
・先生が般化に気づいて機会提供することや、反復練習がしやすい。
・効率的である。

〈個人でやる場合〉
・本当にソーシャルスキルを身に付けることが必要な子どもに対象を絞ることができる。
・ターゲットスキルを絞りやすい（クラスの場合、6割くらいの子どもができているが、残りの子どもが十分でないスキルをターゲットにするのが目処になります）。
・細かくフィードバックできる。
・具体的に保護者に般化のポイント等を伝えられるので協力を得やすい。

　東京学芸大学の小林正幸先生は、ソーシャルスキル教育で「何を教えるか」について、「普段はあまりしていないが意識すればできること、日常生活で6割の子どもができていて1回の練習で9割の子どもができるようになるものがよい」と提案しています。

(2) 練習なくして上達なし

　ソーシャルスキル教育も、エンカウンターと同じで実施方法にノウハウがあります。しっかり学んでから実施しないと、先に述べたように、よかれと思ってしたことが反対に害になる可能性があります。この本で関心をお持ちになった方で、「わかったけど、できるかなぁ」と感じる方は、しっかりしたプログラムを確かな研修で学ぶことをお勧めします。

(3) 保護者と連携して進める

　これも先ほどから述べているとおり、スキルの定着を図るためには練習が必要なので、学校でその全部をやろうとすることは難しいのです。保護者の方を巻き込んで実践を進める必要があります。

(4) 粘り強く続ける

1回習ってできるようなら、習う前からかなりこなせているはずです。ソーシャルスキル不足の子どもは、自然に練習できる環境がない子どもが少なくないので、なかなかできるようにならなくても叱ったりせずに、「粘りと根性」で指導することが必要です。

(5) 実施前の土台づくり

ソーシャルスキル教育を進める前提として、教員と子どもの関係が良好であることが必要です。でないと建前だけの話になります。また、楽しい雰囲気の中で行うことを心がけることも大切です。もしも、学級の人間関係が乱れている場合は、個別対応から実施します。特に不安や怒りの感情を抱えている子どもがいることが明らかな場合は、その問題の解消を優先します。

(6) 実施上の留意点

エンカウンターもそうですが、クリアな目的を共有すること、一度にたくさんのスキルを詰め込まないことがポイントです。また、スキルを獲得できたら、どんなふうに変われるかをイメージさせることや、身に付けたスキルは折に触れて自己評価・他者評価をして定着を図ることもポイントです。そのためには、評価しやすいもの、身に付けたら日常の対人関係の改善が見られやすいものを選ぶことが大切です。

もちろん「うまくできるように練習しよう」「うまくできない人を冷やかさない」等の必要な約束を忘れないようにしましょう。

(7) 効果が上がらないときのチェックポイント

うまくいかないときは、次の点についてチェックしましょう。
・子どもの興味・関心を引く教材であったか（子どもの意欲を引き出せたか）
・十分に内容や目標が伝えられているか
・教えるソーシャルスキルは子どもの実態に合っていたか
・用いるモデルは適切だったか

・リハーサルは楽しめるように工夫されていたか
・適切なフィードバックが与えられたか
　これらのチェックポイントを振り返って修正してください。

(8) 実施後の留意点

　繰り返しやってみることが定着の鍵です。積極的に練習するように勧める、他の人のやり方にも学んで自分なりの工夫をすることを勧める、上手にできているのを見つけたら互いにほめることを約束する、学級通信等で学習内容を伝えて家庭の協力を得る、などが取り組みを前進させてくれます。

「問題解決スキル」を育てるワークシートを用いた取り組みの例

　一定の「人間関係形成スキル」は身に付けているが、正しく考えることが難しくて、悩むことに多くの時間やエネルギーを費やしがちな子どもが対象となります。実際には、直面する問題を解決していくのに必要な考え方を身に付けることができるので、すべての人に役立つものです。内容は以下のとおりです。

---

①何が問題なのかな？　　　　→　問題の定義
②何ができるかな？　　　　　→　複数の解決方法の案出
③それをすると、どうなるかな？　→　結果の予想
④この方法でいこう！　　　　→　解決方法の選択
⑤やってみよう！　　　　　　→　解決方法の実行
⑥やってみて、どうだったかな？　→　評価・フォローアップ

---

(1) 導入の言葉かけ

　人間にはいろいろ悩みがあるけれど、私は以前ほど悩むことが少なくなっています。それは悩みを解決するための方法を学んだからです。そのポイントは「悩むのに時間を使わずに、正しく考えるのに時間を使う」ということ

なんだけど、みんなもやってみましょう。すごく役に立ちますよ。

(2) 進め方のコツ

・例として取り上げる問題は、大きな問題より小さな問題で練習したほうがわかりやすいようです。
・解決策を考える段階で「わからない」と言う子どもには、「たとえば先日の～は、どんなふうに考えて計画して、どうやったの？」と「すでにある解決」を引き出すことが援助者の腕の見せどころです。
・それでも、解決策を考えるステップがうまく思い浮かばない子どもには、こちらから可能性のある選択肢を提示した上で「他には？」と尋ねましょう。
・提案の自由度を保障するために、先生が突拍子もない案を１つ提案するのが有効です（「けんかをした友達と仲直りする」という問題に対して、「仲直りはやめて、その子の悪口を言って回るっていうのはどう？　そのときだけは、気持ちがスッとするかもしれないよぉ」と悪い例を示す等）。
・できるならば、グループ全員で１人の子の問題を考えてみると、選択肢も増え、計画を実行する意欲も高まる上に、他のメンバーのスキルの向上にも資することができるでしょう。
・「この方法でやってみてどうなったかを、私はどうやって知ることができるかな？」と問いかけて、フォローアップする機会を設けます。

(3) 事後のフォローアップ

・ソーシャルスキルは練習を重ねないと定着しないので、定着と般化を図るために折に触れ、このスキルを用いることが肝要です。
・後日、子どもたちから報告を受けたときには、たとえ小さな進歩であっても肯定的に評価します。巧拙の判断は言わないで自己評価を促し、うまくいっていない部分については、追加の援助を実施します。
・ワークシートを拡大したものを教室に掲示しておいて、何かあったときはシートを指さしながら、「今起こっている問題は何になるだろう？」と尋ねる習慣を築くとよいでしょう。

ワークシート

　毎日の生活の中で、「困った！」「どうしよう！」ということに、いろいろとぶつかるよね。
　そんなときに、どう考えていったらいいか。このワークシートがその方法を教えます。
　では、最近のあなたの人生で起こった、困ったできごとについて思い出してください。

第１のカギの言葉：何が問題なのかな？
　できるだけ簡単に、困ったのはどういうできごとだったのかを、書いてください。
　（　　　　　　　　　　　　　　　　　　　　　　　　　　　　）

第２のカギの言葉：何ができるかな？
　それに対してあなたができることには、どんなことがあるでしょう？　思いつく限り、いろいろな方法を考えましょう。「こんなの変かな？」と思うものでもかまいません。
（例：①「このあいだは無視してごめん」と謝る。②もう一度謝ってくるまで無視し続ける。）

　解決策１　（　　　　　　　　　　　　　　　　　　　　　　）
　解決策２　（　　　　　　　　　　　　　　　　　　　　　　）
　解決策３　（　　　　　　　　　　　　　　　　　　　　　　）
　解決策４　（　　　　　　　　　　　　　　　　　　　　　　）

第３のカギの言葉：それをすると、どうなるかな？
　第２のカギの言葉の個所で思いついたそれぞれの解決策には、長所と短所があると思います。いろいろな角度から、それをしたときに、どんなふうに

「問題解決シート」

なるのかを考えて、◎○△×を付けてみましょう。

	解決策1	解決策2	解決策3	解決策4
あなたの気分はどうなるだろう？				
相手の気分はどうなるだろう？				
安全な方法かな？				
公平なやりかたかな？				
実行可能かな？				

第4のカギの言葉：この方法でいこう！

　最もよい解決策はどれでしょうか？　　　　　　　　解決策（　　　）
　万が一、それがうまくいかないときは、次はどれをしますか？
　　　　　　　　　　　　　　　　　　　　　　　　解決策（　　　）
　あるいは解決案を組み合わせて実行するかを考えましょう。

第5のカギの言葉：やってみよう！

　その解決案を、いつ・どこで・どう実行するか、計画を立てよう。（手順の決定）

　計画（　　　　　　　　　　　　　　　　　　　　　　　　　　）

　そして、実行してみよう！

第6のカギの言葉：やってみて、どうだったかな？

　後日、その結果を確かめましょう。（フォローアップ）

　以上が、問題解決の方法です。一生役に立つから、どんどん使ってね。
　そして、使い方でわかりにくいことがあったら、質問してね。

「怒りの感情をコントロールする」ことをめざす取り組みの例

　怒りは悪いものではなく、感情として当然のものであり、適切に怒りと付き合うことが大切です。
　次に、中学生が怒りの感情をコントロールするためのソーシャルスキルを身に付けることを目標にしたワークシートを用いた取り組みを紹介します。
　もちろん、感情コントロールスキルは最上位のスキルですので、**人間関係形成スキルや問題解決スキルがある程度定着している子どもたち**が対象です。小学校高学年以上ならばできると思いますが、工夫が必要です。使い方は、クラス全員一斉でも個別でもよいでしょう。私は個別に指導するときに用いています。
　このスキルも、導入時に、怒りの感情をコントロールすることへの意欲を高めることが大切です。

(1) 導入の仕方
　「これまでに問題をどう解決していくかという方法を学んだけれど、人間だから、何か起こってカ～ッとしたことって、今までに1回や2回はあると思います。今はどうですか？」
　「今、カ～ッときているということはないね？」
　「つまり、今は落ち着いているっていうことだね」
　「ところで、以前にカ～ッとなったときは、どうやって静めたのかな？」
　「3歳のときに砂場でスコップとられたのに腹が立って12年間カッとし続けています、という人がいればあてはまりませんが、普通はカッとしても、しばらくすると静まっちゃうというか、静めているよね」
　「つまり、もともと人間は怒りを静める力があるっていうことです」
　「その力をもっと意識して使えたら素晴らしいと思わない？」
　「今日は、このシートを使って取り組んでみたいんだけど、いいかな？」
　〈留意点〉
・すぐ怒る人とそうでない人がいるが、それは人間が外部からの刺激に単純

に反応しているのではなく、感情を選択しているために違いが生じることを説明し、「怒りっぽい人」と「落ち着いた人」のどちらの方向に進みたいかという本人の願いを確かめます。
・コツは、援助者が怒りのコントロールのスキルを使いこなして、モデリングの対象となることです。怒りっぽい援助者が教えても説得力に欠けます。
・子どもに、援助者が怒りのコントロールのスキルを用いてうまくいった例を自己開示して話します。できれば、共通して記憶のある出来事をもとにしてスキルを説明していくとよいでしょう。

(2) 使い方のポイント

後掲のワークシートの②まで書けたら、援助者がコントロール法について説明し、ロールプレイを交えながら後半を完成させていきます。怒りのコントロール法の内容は以下のとおりです。

---

①怒りに気づく（例：私は今、ムカついてキレかけている）
②相手との距離をとる（相手と離れる）
③大きく深呼吸
④数を数える（数唱）
⑤自分に「よし！ OK！」などと言い聞かせる（自己会話）

「今度、これを使う機会があるとしたら、どんなときかな？」と、怒りをコントロールできている未来の予測を促します。

「やり方はわかったけれど、いつ起こるかわからないから、覚えていて使えるかなぁ」という子どもがいます。そう言ってくれた子どもには、「今は、そう感じるんだね」と受け、できるようになるために取り組むことに同意を取りつけるようにしましょう。そして、できているときには賞賛し、うまくできていないときには修正する話し合いを持っていくようにします（フィードバック）。

定着を図るために、ときどきスキルの維持と般化を図ります。保護者にも説明し、家族ぐるみで使ってもらうことが成功のポイントです。

「怒りと上手に

①最近、ムカついたり、頭にきたり、腹が立ったことはありましたか？
　それはどんなことだったのでしょうか？　具体的に書いてください。

②普通の状態を０点、これ以上はないくらい激しく腹が立ったのを10点とし
　たら、その怒りは何点くらいのものでしたか？

　　　　|冷静|　０　１　２　３　４　５　６　７　８　９　10　|大爆発|

　人間は他人に自分の気持ちを左右されずに、怒りをコントロールすること
ができます。もちろん、練習すれば、あなたにもできます。
　いやかもしれないけれど、その腹が立ったときのことを思い出してくださ
い。もしそのときに次の方法を使えていたら、どれくらい、怒りが小さくな
るか、試してみましょう。

③では、腹が立ったときのことを思い出せたら順番にやっていきましょう。

> 第１のステップ：怒りの感情を選んでいることに気づこう。例「私は今、
> 　キレかかっている」
> 第２のステップ：相手と1.5～２m離れてみよう。（練習のときはイメー
> 　ジしよう）
> 第３のステップ：大きく深呼吸しよう。（最悪でも１回、できれば２～
> 　３回）

つきあおう」

> 第4のステップ:「ひとつ」「ふたつ」「みっつ」と、心の中でゆっくり数えよう。
> 第5のステップ:「落ち着ける!」「私は怒りをコントロールできる」と自分に言い聞かせよう。
> 第6のステップ:落ち着いた自分を取り戻せたら、次の行動を考えよう。

④さて、やってみたら、何点くらいの怒りになったでしょうか。印をつけてください。

| 冷静 | 0 1 2 3 4 5 6 7 8 9 10 | 大爆発 |

以上が、怒りをコントロールする方法です。

　このシートを読んで1回練習したからといって、急にカンペキにできちゃうものではありません。他の人に心を乱されない人間になるために、何回も練習してくださいね。

　そして、うまく使えたら、教えてください。逆に、うまく使えないことがあっても教えてください。どうしたらよいか、一緒に考えよう。

⑤このワークシートを使ってみて、感じたこと・思ったことを書きましょう。

　　　　　　　　　　　年　　組　　番　名前

5 選択理論心理学

内発的な動機づけを高めて自主性を育てよう

生きる力を育てる選択理論心理学

(1) 幸せな人間関係を築き、やる気が高まる、学校にうってつけの理論

　充実した人生を過ごすにはよい人間関係が不可欠です。私たちがマスコミ報道や身近な生活の中で見聞する暴力や虐待、依存症といった心の問題のほとんどは、人間関係がうまくいかないために引き起こされていると言えるでしょう。

　アメリカの精神科医ウイリアム・グラッサー博士が創始した選択理論心理学を基盤とする心理療法は、リアリティセラピーと称されていますが、これはアメリカの主要な9つのセラピーの1つと言われています。人生の内的コントロールを確立し、よりよい未来を選択するための援助を特色としています。グラッサー博士は、「人間にとっての唯一の問題は不幸であること」であり、「すべての不幸な人がかかえている中心問題は（貧困や不治の病、政治的な横暴といったことを除けば）、互いが望んでいるのに、互いにうまくかかわっていけないことにある」として、現代人の主要な人間関係である①夫婦関係、②親子関係、③教師と生徒の関係、④マネージャーと従業員の関係、の4つのすべてに改善が必要であると述べています。

　私は、初めて参加した日本カウンセリング学会の大会で、選択理論心理学の権威である柿谷正期先生のロールプレイを見せていただいて、「世の中に

はこんなにすごいカウンセリングがあるのか」と電撃が走るような感動を覚えました。それまでは聴くことに徹するか、理論に基づいたこちらの解釈を伝えるのがカウンセリングだと思い込んでいたのです。ロールプレイが終わった後も、しばらく席に体をうずめて、「これは学ばねばなるまい」と誓っておりました。

選択理論心理学を学んだ成果を一言で言うと、難事例の個別カウンセリングができるように鍛えてもらっただけでなく、構成的グループエンカウンターとはまた違った意味で生きる哲学と上質な人生をめざせる意欲と指針が受け取れたことです。

教育は内発的な動機づけを喚起することが重要ですが、それこそ選択理論心理学がめざすところであり、教育の場で適用するにふさわしい理論だということを、まずはじめに強調しておきたいと思います。

(2) 人生のほとんどのことは自分で選択できる

人間は刺激に単純に反応して行動するのではなく、内発的な動機づけによって行動を選択します。

電話が例としてよくあげられます。呼び出し音が鳴って電話に出るという行動は、一見すると刺激―反応理論で動いているように見えますが、同じように呼び出し音が鳴っても「心待ちにしていたあの人だ」と思って瞬時に出ることもありますし、逆に、今はあまり話したくない人からの電話なので居留守を決め込むこともあります。つまり、人間は同じ刺激に対して異なる行動をとることがあり、そのときどきで行動を選択しているということです。刺激が私たちに何かをさせるのではなく、**刺激は単なる情報にすぎない**のであり、私たちはそのときの自分にとって最善と思われる選択をしているわけです。

(3) 強制から上質なものは生まれない

選択理論心理学に接したことのない多くの人は、刺激―反応理論という外的コントロール心理学に基づいています。彼らは他者に不満があると相手を変えるための刺激を与え、自分の望む反応を引き出すために画策します。

たとえば、学校の先生であれば、言うことを聞かない子どもがいると「言うことを聞きなさい！」と叱り、それで効果がなければもっと大きな声で怒鳴ったり、「校長先生に叱ってもらうぞ」「親を呼び出すぞ」と脅したり、楽しみを奪ったり、罰を科したりと、より強い刺激を与えて言うことを聞かせようとします。そして、往々にして「絶対、あんな先生の言うことなんか聞くもんか」と決意する方向に子どもを追い込んでしまって、互いに疲れ果てていきます。

「でも今までそれで、私の指導力で、子どもに言うことを聞かせてきた」と言う先生がいます。でもそれは、子どもが言うことを聞く選択をしてくれたということなのです。また、罰のような「ムチ」ではなく、逆手をとって報酬として「アメ」を用いる場合もあります。「アメ」の場合も、こちらの意に添うように相手を強制しようとしていることは「ムチ」と同様なので、害は見えにくくても相手を駄目にしたり相互の人間関係を破壊していきます。

(4) 外的コントロール心理学

外的コントロール心理学は、「悪いことをしている者は罰せよ、そうすれば彼らは、我々が正しいということをするだろう。そして報酬を与えよ。そうすれば彼らは、我々が望むことをしてくれるだろう」（参考文献『グラッサー博士の選択理論』P.23）と考えます。

でも、この手法に従って、たとえば子どもにゲームを禁止しても、子どもが指摘に感謝し、深く反省し、コントローラーを手放して勉強したりはしません。かえって、相手を操作しようとすることで、敵対関係になることが多いのです。

不幸せな人間関係につきものの外的コントロール

人間の不幸は、現在、満足できる人間関係を持っていないからなのです。それは、どちらかあるいは双方が関係を変えようとして外的コントロール心理学を用いたり、相手の外的コントロールから逃れようとしているのです。

幸せでない人間関係を振り返ると、以下のような考え方が潜んでいます。

> ①その人に何かをさせたいと思っていたが、その人はしようとしなかった。
> ②誰かがあなたに、あなたがしたくないことをさせようとした。
> ③あなたもその人も、互いがしたくないことをさせようとしていた。
> ④苦痛を感じることや不可能と思えることを無理矢理自分に強制していた。
>
> （前掲書P.34）

でも、これらを続けていては、互いに幸せになるチャンスは失われていきます。

外的コントロール心理学の3つの信条

> ①人間は外部から来る刺激に単純に反応する。（例：電話、ドアベル、信号）
> ②私は、その人がしたくないことでも自分がさせたいと思うことをその人にさせることができる。そして、他の人も私が考え、行為し、感じることをコントロールできる。
> ③言うことを聞かない人を馬鹿にし、脅し、罰を与える、あるいは言うことを聞く人に褒美を与えることは、正しいことであり、私の道義的な責任である。
>
> （前掲書P.38）

学校や家庭がうまく機能するには、温かくて支持的な人間関係が必要だとわかっていても、どうすればよいかがわからなければ、外的コントロール心理学の罠にはまってしまいます。

でも、親友関係のように選択理論心理学に基づく関係も世の中には存在します。親友には外的コントロールをしていないことが普通です。だからこそ人間関係が長続きして親友となるわけです。

(5) 外的コントロール心理学と選択理論心理学による接し方の差異

では次に、外的コントロール心理学でクラスを仕切るボス先生と、選択理論心理学を指導の核としているリーダー先生の、子どもとの接し方の違いをシナリオ風にして一例を示します。

ボス先生（外的コントロール）編〜とある小学校の職員室にて〜

花子：（下向きかげんに先生に近づいてきて）あのね、先生。ちょっと、お話があるんだけど……。

先生：どうしたの？

花子：あのねぇ……今ね、愛ちゃん泣かしちゃった……。

先生：あら、どうしてそんなことになったの？

花子：だからぁ、愛ちゃんがいやなことばっかり言うから、腹が立って追いかけたら、転んじゃった。

先生：勝手に、転んじゃったの？

花子：うん、それでね。追いついて、ちょっと、けったらね、泣いちゃった。

先生：何でそんなことするの。いつも人をたたいたり、けったりしたらダメって言ってるでしょ。

花子：でも……。

先生：でもって何？

花子：愛ちゃんが、いやなことを言うから……。

先生：もう。あなたは、人をけっておいて、何を言ってんの！

花子：ごめん……。

先生：私に謝ってどうするの。もう、先生、愛ちゃんのお母さんに、何と言って謝ろう。困ったわぁ。あなたのせいで、先生、あちこちに謝ってばっかりだわ……。そうだ。あなた、そう言えば、朝も隣のクラスの次郎君を靴箱のところで、泣かせてたじゃないの。1日に何人泣かせたら気が済むの？　そんなことしてうれしいの？

花子：ううん……。

先生：「ううん」って言うけれど、また、先生、こうやって、あなたのことを怒らないといけなくなったじゃないの。ほら、見てごらん！　他の先生方も、みんな、見ているじゃないの。そうだ。お母さんにお話し

して、叱ってもらおう。それで罰として、1か月間、おやつもなし、テレビもゲームもなしにしてもらおう。
花子：（大声で）え〜ん。お母さんに言わないで、ごめんなさ〜い。
先生：大きな声、出さないで。私が泣かしているみたいじゃないの。（続く）

リーダー先生（選択理論心理学）編〜とある小学校の職員室にて〜

花子：（下向きかげんに先生に近づいてきて）あのね、先生。ちょっと、お話があるんだけど……。
先生：どうしたの？
花子：あのねぇ……今ね、愛ちゃん泣かしちゃった……。
先生：あら、どうしたんだろう。いつもは、愛ちゃんと仲良しでいたいと思ってるんじゃないの？
花子：いつもは仲良しでいたいと思っているけど、今日はいやなことをあんまり何回も言うから、たたこうとして追いかけたら、逃げて自分で転んじゃったの。
先生：それから、どうしたの？
花子：こけたところを、ちょこっと、けっちゃった……。
先生：今日、そうなったのって、全部が愛ちゃんのせい？　それとも、あなたのせいだというところもあるの？
花子：悪口言われたけど、私がけったから、私のほうが悪いと思う……。
先生：そうなの。で、あなたは愛ちゃんとは仲良しでいたいって思っているのね。
花子：うん。
先生：愛ちゃんと仲良しでいるのに、今日、花子ちゃんがしたことは役に立った？
花子：ぜんぜん……。
先生：役に立たないことは、変えたほうがよいと思うんだけど、どうかな？
花子：うん。
先生：変えるのに、花ちゃんができることって、どんなことがある？
花子：やっぱり、先生、私、謝る。
先生：それはいいね。心から謝れるの？

花子：うん。心を込めて謝る。
先生：それはいいね。いやいや謝られたら、また悪口を言いたくなるかもしれないけど、心を込めて謝る人の悪口は言いたくなくなるかもしれないね。
花子：そうだね。あの子もね、別に悪気があって悪口言う子じゃないんだよ。
先生：そうだね。それで、いつ謝るの？
花子：帰りに、愛ちゃんの家に寄ってくるね、先生！
先生：うんうん。また、仲良しに戻れたら、私に教えてくれる？
花子：うん。あしたは「愛ちゃんと仲直りしたよ」って言いに来るね。

選択理論心理学の特徴

　選択理論心理学は、効果のある短期療法であるリアリティセラピーとして実践される以外にも、教育領域やビジネス等の幅広い領域で効果をあげています。選択理論心理学を学ぶことで自己改善の方法がわかり、生きる力と自信が身に付いて人間関係も改善され、自分の人生をより効果的に過ごすことができるようになります。従来のセラピーとの違いは、外的なコントロールではなく内的コントロールをめざすこと、過去にかかわらない（よい過去は例外）で現在の生活を上質なものにするのに力を注ぐこと、無意識の葛藤や葛藤の理由を求めないこと、正・不正を区別し行動の道徳性を重んじること、欲求充足のよりよい方法を教えることといった点にあります。

(1)「上質」がキーワード
　選択理論心理学をベースとするリアリティセラピーは、常に「上質」をめざしますが、上質の条件や特徴は以下のとおりです。

①温かい人間関係から生まれる。
②強制からは生まれない。
③自己評価から生まれる。
④有益。

⑤最善。
⑥改善できる。
⑦気分がよい。
⑧破壊的でない。

(2) 3つの原則

選択理論心理学は、次の3つの原則を基盤としています。

①人は自分自身の行動に対して責任がある。社会や遺伝や過去のせいではない。
②人は変わることができる。また、より効果的な人生を送ることができる。
③人は1つの目的を持って行動する。すなわち、彫刻家が素材を彫るように、自分の環境を操作して、自分の欲している心のイメージ写真（後出）に近づけようとする。

人間は、多かれ少なかれ誰かのあるいは何かのせいにしたくなりがちです。

でも、過去と他人は変えられません。変えることができるのは、自分と未来です。

そして、目標とする結果は、絶え間ない努力によって達成されます。今の生活の幸せに全力を尽くせば過去の不幸は小さくなっていくのです。

(3) 10の原理

実践のポイントを、グラッサー博士は次のようにまとめています。
①我々がコントロールできる行動は唯一自分の行動だけである。
②他人に与えられるもの、他人から受け取るものはすべて情報である。
③長期にわたるすべての心理的問題は、人間関係の問題である。
④問題のある人間関係は、常に我々の現在の生活の一部である。

⑤苦痛な過去に戻ることは、重要な現在の人間関係を改善することにほとんど、あるいはまったく貢献できない。
⑥我々は遺伝子に組み込まれた5つの基本的欲求（後出）によって駆り立てられている。
⑦我々は上質世界に入っているイメージ写真を満足させることによってのみ、基本的欲求を満たすことができる。
⑧全行動は4つの分離できない構成要素である、行為・思考・感情・生理反応で成り立っている。
⑨すべての全行動は動詞あるいは不定詞や動名詞で表現され、最も認めやすい要素によって呼ばれる。
　（例）うつで苦しんでいる→私はうつ行動を選んでいる／私はうつをしている（選択を動詞で表すことが重要）
⑩全行動で我々が直接コントロールできる要素は行為と思考だけである。

5つの基本的欲求をバランスよく満たそう

　グラッサー博士は、「私たちのすることはすべて（よいことであれ悪いことであれ、効果的であれ効果のないことであれ、苦痛であれ快感であれ、正気を失っていることであれ正気であれ、病的なことであれ健康的なことであれ、酔っ払っていようが素面であろうが）私たちの強力な欲求を満たすためである」と述べ、人間の基本的な欲求を次の5つに分類しています。

(1)「生存の欲求」

　私たちは、のどが渇けば水か何かを飲みたくなり、お腹が空けば何か食べたくなる生理的欲求があります。また、人間は、太りすぎたと感じるとダイエットしたり、運動不足だと振り返ってスイミングなどに行って運動したり、体のためにと思ってミネラルウォーターやサプリメントを買って飲んだりと、健康で長生きしようとします。これが「生存の欲求」です。生命維持と種の保存をめざしています。呼吸をしたり、体温を維持したりと、多くは意識しないで行っています。

(2)「愛と所属の欲求」

　グラッサー博士は「愛を定義するのは困難だ、どんな定義の仕方をしても、私たちは皆、人を愛する状態とそうでない状態を知っている」と述べていますが、愛したい・愛されたい、他人と親しくなりかかわりを持ちたいという欲求は、あらゆる人間を動かす原動力になっています。愛の欲求を満たすためには、愛するか・愛されるかどちらかの一方通行だけの関係ではなく、その両方を満たすことが一生涯にわたって必要です。父母の愛、家族愛、友情、様々な形態をとりながら、私たちはその充足を求めて行動へと駆り立てられていきます。愛を継続するためには、友情に戻る必要があると述べています。友情は外的コントロールから遠いところにあるからです。

　所属の欲求とは、家族や学校、職場、宗教から趣味の団体まで、組織の一員としてそこに所属することへの欲求です。

(3)「力の欲求」（力と価値）

　「力の欲求」は人間特有の欲求で、「自分には価値がある」「何かを達成した」「認められた」「計画を立て実行できた」というような形で満たされます。地位や名誉や金銭的な成功で満たされるかもしれませんし、健全な形で欲求が満たせなければ、不健全な形でも満たそうとします。力の欲求がうまく満たせずにゆがんだ形になると、他人をコントロールしようとする形をとることがあります。「力の欲求」は序列化したり強制につながることが少なくなく、外的コントロールに傾きやすい心理的欲求です。

(4)「楽しみの欲求」

　「楽しみの欲求」は楽しくありたいという欲求で、あらゆる人間の力を引き出す原動力となります。学ぶことが多い動物は楽しみが多く、大人になっても楽しみが終わることがありません。「非行」に走る子どもの8割は、家庭に笑いがないそうです。グラッサー博士は「笑いと学習は、成功したあらゆる長期的な人間関係の基盤である」と述べています（前掲書P.77）。

あなたの「幸福度」

　現在の生活を幸せなものにするための指針をつかむためのワークシートをやってみましょう。各欲求は100点なので、5つの線の合計500点満点のグラフをつくって変化を見るのも効果的です。

1. **身近な人との「あったか感」** あなたの幸せに関係ある人は誰？　家族、友人、それ以外から1人を選び、自分もその人が好きだし、その人も自分のことを好きだと思ってくれている合計をグラフにしてみよう。

家族 ☐　　0最悪　　　　　50普通　　　　　最高100

　　その理由（　　　　　　　　　　　　　　　　　　　　　）
　　少しアップさせるのに、あなたができることは？
　　（　　　　　　　　　　　　　　　　　　　　　　　　　）

友人 ☐　　0最悪　　　　　50普通　　　　　最高100

　　その理由（　　　　　　　　　　　　　　　　　　　　　）
　　少しアップさせるのに、あなたができることは？
　　（　　　　　　　　　　　　　　　　　　　　　　　　　）

他 ☐　　0最悪　　　　　50普通　　　　　最高100

　　その理由（　　　　　　　　　　　　　　　　　　　　　）
　　少しアップさせるのに、あなたができることは？
　　（　　　　　　　　　　　　　　　　　　　　　　　　　）

2. **生活の充実度**　勉強や仕事、スポーツや趣味などでの達成感はどれくらいあるかな？

　　　　0ボロボロ　　　　50普通　　　　大満足100

チェックシート

　　その理由（　　　　　　　　　　　　　　　　　　　　　　　）
　　少しアップさせるのに、あなたができることは？
　　　（　　　　　　　　　　　　　　　　　　　　　　　　　　）

3．**人生の楽しみ感**　「人生を楽しみたい」という気持ちの満足度はどれくらいかな？

　　　　　　　　　0 超つまらない　　　　50普通　　　　　　大満足100

　　その理由（　　　　　　　　　　　　　　　　　　　　　　　）
　　少しアップさせるのに、あなたができることは？
　　　（　　　　　　　　　　　　　　　　　　　　　　　　　　）

4．**人生の自由さ**　「自由でいたい」という気持ちは、どれくらい満足できていますか？

　　　　　　　　　0 超不自由　　　　　50普通　　　　　　大満足100

　　その理由（　　　　　　　　　　　　　　　　　　　　　　　）
　　少しアップさせるのに、あなたができることは？
　　　（　　　　　　　　　　　　　　　　　　　　　　　　　　）

5．**「幸福度」**　1．〜4．のグラフをまとめた幸福度を総合的に考えてみよう。

　　　　　　　　　0 超不幸せ　　　　　50普通　　　　　とても幸せ100

　　幸福度を上げるために「こうしたら」と思うのはどんなこと？
　　　（　　　　　　　　　　　　　　　　　　　　　　　　　　）
　　そのために、あなたができることはどんなこと？
　　　（　　　　　　　　　　　　　　　　　　　　　　　　　　）

(5)「自由の欲求」（独立、自主、自制）

「自由の欲求」は、自分で選んで自分で決めたい、内面的にも外面的にも束縛されたくない、という欲求です。歴史的に見ても、人間には自由に対する強い欲求があることが明らかです。「力の欲求」に押されて「自由の欲求」が満たされないことがありますが、『夜と霧』を記したフランクル博士のように、外面的には束縛されていても、内面的な自由を確保できる人もいます。

人間は、「力の欲求」を満たすために「生存の欲求」を無視して食物を口にしない選択をしたり、「楽しみの欲求」を満たすために薬物を摂取したりします。また、「自由の欲求」を満たすためには、「生存の欲求」を無視して死さえ厭わないことがあります。

5つの欲求は、個人によって強弱がありますが、それらを満たすためのポイントがあります。
①バランスよく満たす。
②変化を持たせる。満たす方法を豊富にする。
③欲求を満たさない活動に多くの時間を割かない。

基本的欲求を具体化した「願望」

5つの基本的欲求は抽象的なものですが、その具体的な満たし方は「願望」と言い、願望の満たし方は人それぞれです。

自分が求めているものと実際に得ているものとの間に相違（フラストレーション）があると、人間は行動をします。たとえば、のどが渇いている人は、渇きを放置し続けていると生存が脅かされるので、「生存の欲求」を満たすために行動します。ただ、人によって何で渇きをいやしたいかという願望は異なるので、ある人は熱いお茶を飲むために台所のコンロのところへ行き、ある人は冷たい缶コーヒーを求めて自動販売機に小銭を持って行きます。

(1) 願望は上質世界という名の「心のアルバム」にある

人がどんな願望や欲求の満たし方をしたいかを記憶している場所を上質世

界（quality world）と言います。人は、上質世界の中に写真アルバムのように「イメージ写真」を蓄えています。そこには、肯定的なイメージだけが入っています。赤ちゃんは母の写真が貼ってあるでしょうし、アルコール依存症の人は酒の写真が貼ってあるかもしれません。

グラッサー博士はイメージ写真の領域として、次の3つをあげています（前掲書P.82）。
① 私たちがともにいたいと思う人。
② 私たちが最も所有したい、経験したいと思う物。
③ 私たちの行動の多くを支配している考え、信条。

ワーク「私の上質世界の写真アルバム」

あなたの上質世界にはどのようなイメージ写真が貼ってあるでしょう、書き出してみましょう。

---

(2) 全行動の構成要素

人間のすべての行動（全行動）は、行為（話す、歩く等）、思考、感情（快感、苦痛等）、生理反応（心臓の鼓動、呼吸、神経化学物質の変化等）から成り立っています。4つの機能はすべて同時に機能しています。

(3) 全行動の何に取り組むか

人間のすべての行動は、自分が求めているものと、自分が得ているものの間にある溝を埋めようとするものです。人は内発的な動機づけによって行動しますが、そのほとんどは本人の選択によるものです。

全行動の4つの中でコントロールしやすいものは何でしょうか？

それは行為と思考です。

小さな変化でよければ行為を変えましょう。**大きな変化が必要ならば、思**

考（考え方）を変えましょう。

実践事例——トラブルメーカーだった太郎君のケース

　暴言に始まり、すぐに人にくってかかる、ちょっかいを出す、わざと人の足を踏んだり押し倒す、物を失敬する等、いくらでもトラブルを起こす小学校高学年の太郎君（仮名）。
　当初は、「君が悪い！」と叱っていた私は、あまりに自分の指導に効果がなく天を仰ぐだけでした。ところが、選択理論心理学を学んで、みんなの前で彼の願望を聞いたときから、太郎君は変わりました。
私　「これまでに、お互いに嫌な気持ちになったことって結構あるよねぇ」
太郎「うん」
私　「今日はつかみ合いになったけれど、太郎君は、本当はみんなとどうなりたいの？」
太郎「友達になりたいねん」
私　「あぁ、みんなと友達になりたかったんや」

　この会話は、太郎君自身が自己理解を深めることにもなりましたし、一緒に聞いていた周りの子どもたちも太郎君の願いが理解でき、かかわり方に温かさが戻りました。
　当時の私にはできませんでしたが、願いの他にも「みんなにはどんなふうに見てほしいのかな？」「今のあなたのことをみんなはどんなふうに見たやろうね？」と、見方も聞けるとなおよかったと思います。今していることを聞いたり、願いや見方を聞くことができたら、次に「その願いをかなえるために、太郎君はどんなことをしているの？」と聞きます。
　特に、最近に起こったよい過去を聞くことは大切です。太郎君だって、年がら年中トラブっているわけではありません。うまくいっていることもあるし、起こったトラブルを自分なりの工夫で収めていることもあります。

> また、「あのときはどんなふうに考えていたの?」「どんな感じだったの?」と考え方も聞きます。「愛されたい」という願いが普通の方法では得られなければ、破壊的な考え方を用いて得ようとする人がいるからです。

私　「それで、太郎君が今日やったことは、『皆と友達になりたい』という願いをかなえるのに役に立ったかな?」
太郎「うぅん」
私　「じゃ、今のままでは満足できないっていうこと?」
太郎「うん」
私　「他によい方法があれば、それをやってみる気はあるの? たとえば、さっきのことは、これからどうしようとか、考えているの?」
太郎「謝りたい」
私　「それは『皆と友達になる』のに役に立ちそうかな?」
太郎「わからん……」
私　「今までにもこんなことがあったときは謝ってたの?」
太郎「あんまり……」
私　「あんまり謝らない人が、心から謝ってくれたら、謝られたほうはどんなふうに感じるやろ?」
太郎「そら、許したろかって思ってくれるンとちゃうかな」
私　「じゃ、太郎君が今からしようとしていることは、とっても意味があるということ?」
太郎「はい」
私　「万が一、皆が許してくれなかったら?」
太郎「えっ?」
私　「皆が許してくれなくても、『皆と友達になる』のに役に立つ『謝る』ことを、勇気を持ってできたら、どんな感じやろう?」

　大人が強制して謝らせようとしても、絶対に「ごめんなさい」を言わなかった太郎君の謝罪は、周りの子どもたちをも変えました。

選択理論心理学の実践のポイント

(1) 現在の不満足な人間関係の改善、または欠けている望ましい人間関係を築いていく

　心の問題は突き詰めると不幸であるということであり、人は不幸であると行動を選択したり予測したりすることが難しくなります。

　不幸を感じている人は、次の3点の事実があるとグラッサー博士は指摘します。

①彼らが不幸なのは、現在、満足できる人間関係を持っていないからである。

②彼らが満足できる人間関係を持っていないのは、どちらかあるいは両方が、関係を改善しようとして、外的コントロール心理学を用いているからである。

③どちらかあるいは両方が、相手が用いている外的コントロールから逃れようとしているからである。

(2) まず、温かい信頼できる関係（リレーション）を築く

　良好な人間関係を壊すのは一瞬ですが、築くには長い時間が必要です。

　相手の上質世界に入れてもらえる土台づくりの指針を、R・ウォボルディング博士は次のようにまとめています。

- 友人となる
- 傾聴行動をする（視線・顔の表情［凝視にならないように見る］、純粋な興味を示す、体の姿勢［開放的な受容を示す座り方］、話を聞いていることを言葉で示す、聴いていることを伝達するような傾聴、非言語的行動［声の調子など］）
- 常に、礼儀正しく、解決できると固く信じ、情熱的で、揺るぎなく、誠実である、倫理的である
- 裁かない（裁かず、責めないで対応する）、沈黙を許す
- 予想されないことをする（いつもではない）
- ユーモアを使う（ともに笑い、学べるものがよい）

- 自分自身である（ありのままの自分を表す）、自分を分かち合う（自分をも語る）
- 比喩に耳を傾ける（注目する）、まとめ・焦点を合わせる
- 結果を経験させる

（『セルフ・コントロール』ロバート・ウォボルディング著、柿谷正期訳）

要するに、あきらめないで、必ずよりよい方法はあると確信して、肯定的なかかわりをするということに尽きます。

また、カウンセリングを効果のあるものにするために、「言い訳をさせない」ことがあげられます。過去や社会や親のせいではなく、自分の責任においてどうしていくかを話し合います。言い訳をしないで済むように、滅多に「なぜ（WHY）？」とは聞きません。基本は「何（WHAT）？」「どうやって（HOW？）」です。

(3)「現在」と「私」に焦点を合わせる

現在に焦点を合わせ、うまくいっていなかった過去の話や症状・問題についての話をことさらに長くしないようにします。大切なことは、「どうなりたいか」を見極めることです。また、感情や生理反応は変えにくいので、具体的な行動や人間関係といった行為と思考の変革に取り組むことがポイントです。

「してほしいこと、してほしくないこと」を丁寧に聴く

WANTS（願望・見方）を引き出し、現在と未来に焦点を合わせて支援することが大切です。そのためには「してほしいこと、してほしくないこと」を丁寧に聴きましょう。

めざす目標や満たしたいと願う上質世界は一人ひとり違います。たとえば不登校の状況にある子どもの中には「学校なんかクソ食らえ」と言う子どもがいますが、そんな子どもには「『学校なんかクソ食らえ』という気持ちをふくらませたいの？　それとも『学校もステキやなぁ』という気持ちをふくらませたいのかな？」と尋ねながら話を進めていくことができます。そんなときに、「してほしいこと、してほしくないこと」を聴いていくことはとても有効です。「もっとしてほしいこと」を尋ねていると、「そういうふうに聴

いてくれるのは先生だけや。自分は、先生が話を聴いてくれていなかったら、今でも誰にも心は開いていなかったよ」と話してくれた子どもがおりました。聴くこと自体がリレーションづくりになっていますし、得られた情報は支援の方向性をかなり正しく導いてくれます。

　わからないことは、できる限り丁寧に当人に聴く

　もちろん、「ホントはどうなりたいの？」という問いに即答できる子どもは、それほど多くはありません。聞かれるまでそんなことを考えたことがなかったり、遠慮していたり警戒していたりするからです。

　間を置きながら同じことを3回は聴く必要があります。

　「で、さっきの『本当はみんなとどうなりたいの？』っていう話なんやけど、たとえば○○君とは、どんな関係になれたらいいなと思っているの？」とか、「今日の終わりの会で『本当はみんなとどうなりたいか』ということについて思っていることを言うとしたら、どんな話ができそう？」というように、具体的に聴きます。

(4) 人間関係の回復が最善の問題解決であることを理解してもらう

　私たちがコントロールできるのは自分のことだけなので、他人を操作する話し合いに陥らないことが大切です。特に保護者との話し合いでは「子どもをどう変えるか」という話になることがありますから、気をつけたい点です。他人を操作して問題を解決するのではなく、人間関係の回復こそが最善の問題解決なのです。

(5) 責任について

　選択理論心理学では、責任とは「他人の欲求充足を邪魔しないで、自分の欲求を充足すること」と定義しています。自分の欲求を調和的に満たすということです。そのためには「自分がコントロールしているもの、していないもの」「自分がコントロールできるもの、できないもの」を理解することが求められます。

(6) 具体的な計画を立てて決意を促す

効果的な行動計画

　選択理論を実践してもらうための行動計画を立案するときには、「基本的欲求を充足させるものになっているか」「すぐできて達成可能な計画か」「何かをやめるのではなく、何かをする計画か」「自分一人でできる計画か」等を吟味します。

　また、具体的な計画という観点も重要です。たとえば、保護者から「子どもとの人間関係を改善する」という計画が語られたら、これは抽象的ですので「具体的には、子どもさんとの関係を改善するのに、あなただけでもできることって、どんなことがありますか？」と尋ねて「学校に行くときには『行ってらっしゃい』、帰ってきたら『お帰り』と返事がなくても来週までに最低3日は続けてみる」といった計画にしていきます。

決意のレベル

　具体的な行動計画を立てても、実行への決意が求められます。決意と言っても、「機会があったらやってみます」というレベルから「必ずやります」というレベルまで様々です。計画が実行できるように決意のレベルを引き上げるプロセスが必要です。たとえば、「『絶対やらない』を0点、『必ずやる』を10点にしたら、今の決意のレベルは何点？」と聞き、もし低ければ「その点数のままで実行できるの？」「ここで、どんなお手伝いができたら実行できるレベルになりますか？」「では最後にもう一度、自分の口から決意をどうぞ」というように話し合っていきます。

クオリティ・スクール

　グラッサー博士は「教育とは、何かを学ぶことが人生の質を高めると説得し、そのように取り組んでもらうこと」と定義し、「落伍者なき学校」とも言われる「クオリティ・スクール」の実践を進めています。全米で数百校規模で取り組まれており、教員は「上質（クオリティ）は強制からは生まれない」の理念を基に、力で支配するボスマネジメントではなく、怒鳴らず怒らず強制せず、やさしく接して温かい学習環境をつくるリードマネジメントで

対応して成果をあげています。

ミシガン州にある「クオリティ・スクール」の公立小学校では、不登校やいじめは言うに及ばず、夏休みもないそうです。「家にいるより楽しいから、学校に行きたい」という子どもたちの希望をかなえたのです。この学校は楽しいだけでなく、州平均をはるかに上回る学力テストの得点を獲得しているそうです。

クオリティ・スクールであるハンティントン・ウッズ校は次の理念を掲げており、これは、クオリティ・スクールに共通した要素と言われています。

・人は基本的欲求を持っている。学校は、生徒・教員・保護者にとって欲求充足の場である。
・競争ではなく、協力することで最高の学習ができる。
・強制のあるボスマネジメントではなく、リードマネジメントの環境で生徒は成功する。
・脅したり、罰したりしないで、問題は話し合って解決する。
・自己評価が上質（クオリティ）を達成する鍵である。

(1) 高いレベルでの自己評価を促すリーダーとしての教師

クオリティ・スクールのアポロ高校の協力者シェイル・ウーロフの言葉が有名なので引用します。

ボスは駆り立て、リーダーは導く。
ボスは権威に依存し、リーダーは協力を頼みとする。
ボスは「私」と言い、リーダーは「私たち」と言う。
ボスは恐れを引き出し、リーダーは確信を育む。
ボスはどうするか知っているが、リーダーはどうするかを示す。
ボスは恨みをつくり出し、リーダーは情熱を生み出す。
ボスは責め、リーダーは誤りを正す。
ボスは仕事を単調なものにし、リーダーは仕事を興味深くする。

---

(2) 選択理論心理学で自立した子どもを育てる

　大人にだって人間関係のトラブルは多かれ少なかれ起こります。ましてや人間関係が希薄化する現代社会に育つ子どもたちのことです。いったん友人とぶつかったときには、私たちの子ども時代にはなかった質と量のトラブルが起こっても不思議はありません。

　でも、だからと言って、トラブルが起こること自体を問題ととらえて、大人が子ども同士のトラブルを0に近づける努力を重ねるのは、効果的ではありません。当座はよくても、長い目で見ると子どもの成長の妨げになるかもしれません。第一、子どもより長生きして一生面倒を見ていくわけにはいかないから無理です。やはりここは、トラブルをネタに、子どもが自らの成長の糧にしてくれる援助を考えるのが上策です。選択理論心理学は、それに応えてくれるものです。

(3) タイプ別の分類と対処マニュアルは人を枠にはめる

　「トラブルを繰り返す子ども」の対応というと、「自己表現が苦手な子ども」「自分中心にしか行動できない子ども」などに分類し、そのタイプ別の対処を提言するという方法があります。タイプのアセスメント（査定）が容易で、マニュアルも適切であればよいかもしれませんが、私のようなものぐさな人には向いていません。それに、タイプにはまらない子どもを無理矢理に枠にはめることもあるでしょうし、アセスメントが常に正解という保証はどこにもありません。

　相手をこちらの枠にあてはめるのではなく、子どもの気持ちを聴きながら援助するのがベストです。それにうってつけなのが、このアプローチなのです。

(4) 選択理論心理学は研修システムが優れている

　以上、選択理論心理学について説明しました。私が曲がりなりにも個別面接ができるようになったのは、選択理論心理学会会長の柿谷正期先生と大阪支部長の田畑雅紀先生のおかげです。選択理論心理学を用いたリアリティセラピーの研修は、柿谷先生をはじめとする厳しいトレーニングを受けた講師

陣が、ロールプレイで数多くの練習を取り入れながら、5段階で資質の向上を図る少人数による研修システムです。時間とお金は必要ですが、やる気さえあれば確実に実力アップを図ることができるのが大きな魅力です。

(5) 日常生活に適用できてこそ本物

　柿谷先生から私は心に残る言葉をたくさんいただきましたが、私が「ちょっとリアリティセラピーが使えるようになってきたぞ」と慢心し始めた頃におっしゃったのがこのお話でした。

　「プロなんだから学んだカウンセリングが仕事である面接で使えるのは当たり前。それよりも、自分自身が選択理論をいかに人生で実践できているかを自問して、常に『上質』をめざして精進しなさい」

　そういう意味のことを教えてくださいました。「人生の師」を得た思いがしたものです。ぜひ、皆さんも学んでみてください。

〈参考文献〉
- ウイリアム・グラッサー著、柿谷正期訳『グラッサー博士の選択理論』アチーブメント出版
- ウイリアム・グラッサー著、柿谷正期・柿谷寿美江訳『15人が選んだ幸せの道』アチーブメント出版
- ウイリアム・グラッサー著、柿谷正期訳『あなたの子どもが学校生活で必ず成功する法』アチーブメント出版

付章
クラスの状態を
アセスメントする
Q–Uを活用しよう

Q-Uとは何か

(1) クラスの状態をアセスメントする

　私は中学校教員の頃、「クラスがうまくいっていないなぁ。ボクが厳しいからかな。それとも甘いからかな」と思うことがありました。クラスの子どもや学年の先生に聞いたりするのですが、クラス経営のどこをどんなふうに変えたらいいのかがわからなくて迷走していました。

　当時は、子どもを傷つけることなく簡単に学級の状態をアセスメント（査定）する方法がなくて、経験と勘が頼りの世界でした。「心はベテラン、技術は新任」の私には、自信を持って対策を講じることができなかったのです。だから、クラスの個と集団の状態をしっかりと把握できている先生がうらやましく、そしてどうしてそんなことができるのか不思議でなりませんでした。「学校に1人はそういう先生がいるなぁ。そしてそういう先生の子どもへの眼の向け方やケアの仕方、クラスの動かし方は、何か共通するものがあるなぁ」というところまではわかるのですが、そういった把握力・分析力・指導力のある先生がどうやっているのか、その勘所がどうしてもわかりませんでした。

　この問題に光明をもたらしてくれるものが、早稲田大学大学院の河村茂雄教授が開発した「楽しい学校生活を送るためのアンケートQ-U（Questionnaire-Utilities）」です。この学級集団の状況を把握する心理尺度があれば、クラスの状況に応じた担任のリーダーシップの方向性や授業のあり方や、どんな個別指導が必要なのかがわかるのです。まさに、漁師さんの「魚群探知機」に匹敵する優れものです。

(2) クラスを2つの軸で見る

　Q-Uの特筆すべき点は、子どもたちが望ましい学校生活を送るためのポイントは2つあることを証明し、それを簡便に調べる方法を示したことにあります。

　1つは「よい人間関係（リレーション）」が持てているかどうかです。教

師と子どもの間に、そして子どもと子どもの間にふれあいのある人間関係が築かれていることが、子どもたちの学校生活の質に大きくかかわっているのです。リレーションがあれば集団内の対人関係は良好になりますから、ルールも確立しやすくなります。

　もう1つは「ルール」が成立しているか否かです。子どもが学級集団の中で気持ちよく、そして意欲的に生活が送れるようにするには、マナーや集団のルールが確立されているかどうかが重要です。「親しき仲にも礼儀あり」で、ルールがないとリレーションは維持できなくなるおそれが強いのです。

(3) Q-Uの長所

　Q-Uの長所はいろいろありますが、私が「ここがいい」と実感していることは以下の点です。

①簡単なアンケート形式なので15分前後で実施でき、集計も1時間前後でできる。

②質問紙の問題で子どもを傷つけることがなく、結果が教員のプライドを傷つけることも比較的少ない。

③結果がわかりやすく図示でき、個人でも教職員集団としても学級経営について検討できる資料となる。

④カウンセリングの学びがなくても、教育者の知恵を結集して今後の策を考えることができて、皆が具体的に行動できる。

　逆に難点があるとすれば、これを難点と言うのはおかしいのですが、アンケート用紙1枚につき115円（コンピュータ診断料は215円）の予算を工面しなければならないことでしょうか。

　今は、著作権のある印刷物を無断でコピーして使うような学校はないと思いますが、Q-Uのような標準化されたテストは、その開発・維持に膨大な手間と費用がかかります。こういった学校に役立つツールを今後も育てていく観点からも、私たちはコストを正しく負担して活用しなければなりませんし、Q-Uは費用をかける価値のあるテストです。

＊Q-Uは図書文化（Tel 03－3943－2511　http://www.toshobunka.co.jp/）から販売されて

います。
＊Q-Uについて、より詳しく学ぶには、次の書籍を参考にしてください。
・河村茂雄著『学級づくりのためのQ-U入門』図書文化
・河村茂雄他企画・編集『Q-Uによる学級経営スーパーバイズ・ガイド　小・中・高等学校編』図書文化
・河村茂雄・藤村一夫編集『授業スキル　小・中学校編』図書文化
・河村茂雄編著『Q-Uによる特別支援教育を充実させる学級経営』図書文化

(4) Q-Uのしくみ

　Q-Uは、①「いごこちのよいクラスにするためのアンケート（学級満足度尺度）」と②「やる気のあるクラスをつくるためのアンケート（学級生活意欲尺度）」の２つの質問紙と、自由記述で構成されています。

　①は、Q-Uの中核とも言うべきもので、リレーションを縦軸（承認得点）に、ルールを横軸（被侵害得点）にして、子ども一人ひとりのアンケート結果を集計してプロットし、個人の学級満足度や学級集団の状態を調べます（次ページのグラフ参照）。

　②は「友人との関係」「学級との関係」「学習意欲」等の意欲を把握するもので、①を見た後で、今後の対応を考えるのに役立ちます。

Q-Uの使い方

　それでは、①の「いごこちのよいクラスにするためのアンケート（学級満足度尺度）」を中心に見ていきましょう。

(1) 各群の個人の読み取り方と対応

　次ページのグラフをご覧ください。このグラフは２軸で４つの象限に分かれますが、それを学級生活満足群（右上）、非承認群（右下）、侵害行為認知群（左上）、学級生活不満足群（左下）に分けて理解していきます。

　学級生活満足群（グラフの右上の象限）

　この群に入った子は、学級に居場所があり、意欲的に生活しています。ストレスや不安が少なく、いじめや悪ふざけ等を受けている可能性は低いで

```
        承認得点高い
侵害行為認知群（不安…）          学級生活満足群（安心！ OK！）
意欲はあるが友人関係は薄い、不安や被害   意欲的で適応感があり、トラブルが少ない
者意識                     一次的（開発的）援助
いじめを受けたりトラブルを起こす可能性
二次的（予防的）援助

被侵害得点高い ←――――――――――――→ 被侵害得点低い

学級生活不満足群（SOS！）        非承認群（居場所がない…）
不適応感・不満足感が高い           認められていない、目立たない、無気力
荒れたり、いじめや不登校になる可能性    二次的（予防的）援助
三次的（問題解決的）援助
 要支援群
        承認得点低い
```

しょう。

〈対応〉開発的な支援を行います。過剰適応はないか、緊張感が高すぎないかに留意します。

非承認群（グラフの右下の象限）

先生からも子どもたちからも認められていない、居場所がない、無気力、自主性が乏しい、おとなしい、目立たない、自信がない、反社会的な集団に引き込まれてパシリ的存在などになる可能性があります。

〈対応〉まず予防的援助が必要です。小さな頑張りを認めて評価しましょう。係や班活動の副班長などの役割遂行を通じて力を発揮できる場をつくります。子どもが萎縮している可能性があるので「指示・禁止・命令型」の指導に陥らないように留意しましょう。

侵害行為認知群（グラフの左上の象限）

自分の興味あるものには意欲的だが、いじめを受けていたり、他の生徒とトラブルのある可能性が高い群です。周囲からは自己中心的で他への配慮が乏しい面があると受け取られることがあり、それがトラブルの原因になっているかもしれません。

〈対応〉まず予防的援助が必要です。いじめや他の生徒とのトラブルがないかを見守るとともに、折に触れて個別面接をしましょう。ソーシャルスキ

ルを粘り強く補ったり、トラブルがあった場合は決着をつける指導だけでなく、相互の心情を交流する橋渡しを特に心がけましょう。

学級生活不満足群（グラフの左下の象限）

　クラスに居場所がなく、認められる機会も少ない。いじめを受けたり大きな不安・不満・不適応感を抱えている可能性があります。不登校になりやすい状況です。なかでも、特に承認得点が低く被侵害得点の高い群が、要支援群です。

　〈対応〉まず問題解決的援助が必要です。個別指導ができるようにリレーションの確立を図ります。休み時間、掃除時間、下校時に目を配り、重点的に日常観察をして指導します。

(2) 学級が崩れる際の2つのパターン

　グラフをつくってみると、結構左下の学級生活不満足群の象限に子どもが何人もいたりして、「うちのクラスは荒れている！」とびっくりなさる先生が少なくないのですが、グラフの原点は全国平均を示していますので3割くらいの子どもが学級生活不満足群にいても平均的と言えます。

　さて次に、このグラフはクラス集団の状態と読み取りにも使えるので、手を打たなくてはいけない代表的な2つのタイプについて考えてみましょう。

　なれあい型　グラフの左上の部分で横長に広がる ◯ の部分

　ルールの確立が不足した横伸び型のクラスで、初期は一見のびやかで意欲はありますが、私語や係活動のサボり、小トラブルが頻発したりします。

　〈対策〉
・クラスは、規律があって安心できるクラスをめざす。そのために最低限のルールの再確立を図り、新たに取り決めたルールの違反は、ルールに即しているかを質して気づかせるようにして見過ごさない。問題点があれば事実を叱るが、人格まで否定しないように留意する。ソーシャルスキル教育を実施する。
・クラス活動は、量よりも質を重視し、行事や活動は次々にこなすのではなく簡単な課題を全員やりきる体験にする。よかったことを話し合う。
・指示は、活動の意図や意味を、細かく区切って具体的に説明する。確実に

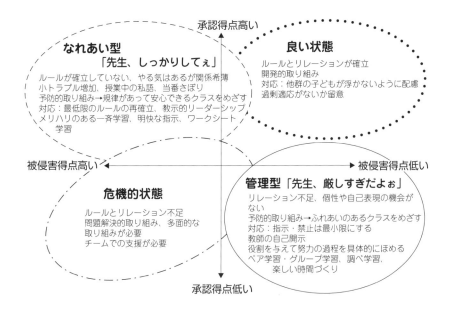

守らせる。はじめのうちは、1つの指示で1つの活動にする。
・授業は、教員主導でメリハリのある短いインターバルで進められる一斉学習が重要。そのつど、明確でコンパクトな指示を出すよう心がける。ワークシート学習やドリル、簡単な小テストを増やす等の個別学習をたくさん取り入れて、「先生の指示で勉強していると学ぶことが楽しい」と感じられるようにする。
・教員の子どもたちへのリーダーシップは、教示的にリードする分量を主にして、子どもに任せる分量は少なめに接する。日常観察を詳しく行う。

|管理型| グラフの右下の部分で縦長に広がる ◯ の部分

人間関係が希薄で意欲に差があるクラスで、初期はトラブルが少なく一見静かだが、しらけていて学級活動が低下している。教員の厳しさで萎縮していたり、人間関係づくりが不足しているので互いにぶつかり合いを避けて安定しているように見える。大人の「お眼鏡」に適った「よい子」と、そうでない「悪い子」が二極化している。個性や自己表現の機会がない。

〈対策〉
・クラスは、リレーションの確立をめざす。そのために、学級内の緊張を軽

減し、ペアづくりから学級集団づくりを進める。
・クラス活動は、認められにくい子どもへの支援を図るために、非承認群の子どもを中心に、子どもに応じて副班長等の遂行できる役割を与え、努力の過程を具体的にほめる。ふれあうことと、その体験を振り返る機会を増やす。
・指示は最小限にして、「指示・禁止・命令」に陥らないようにする。
・授業は一斉学習を減らし、ペア学習・グループ学習・話し合い学習・調べ学習等のリレーションの形成に役立つ活動を増やし、「クラスのみんなと学ぶことは楽しい」と感じられるようにする。説明の時間を減らし、発問して子どもとの応答によって授業を進める量を増やす。
・教員の子どもたちへのリーダーシップは、子どもに任せる分量を増やし、クラスにいることが楽しい時間をつくることを心がける。批判せずにその子どもの話を聞く。

(3) **危機的状態のクラス** グラフの左下の部分へ斜めに広がる（　　）の部分

ルールとリレーションの喪失を示しています。ぎすぎすして、小グループ化や対立、陰湿ないじめが起こっている可能性が高くなります。学級生活不満足群が70％を超えると集団の体を成さないと言われており、複数教員等によるチーム対応が必要です。

Q-Uの使い方の流れ

以下の順でアセスメントして、対応策を立案していきましょう。
①「学級満足度尺度」を集計・グラフにして傾向を読み取る。
②補助資料となる「クラスの現状」シートを記入し、記載事項を①の学級満足度尺度のグラフに記入する。
③ケアが必要な子どもを早期発見するために、①のグラフの「要支援群」の子どもや非承認群・侵害行為認知群で突出している子どもの「学級生活意欲尺度」のグラフを調べ、自由記述を読み取り、必要な支援を考える。
　・学級生活不満足群の中に、不登校の可能性をはらんでいる子どもはいな

クラスの現状　　　　　　　　　　担任：

学級集団の背景　　中学　　年生　　男子　　人、女子　　人
・学校の特徴 ・学級編成の特徴（持ち上がり等）
問題と感じていること
学級の公的なリーダー（番号と簡単な説明） 男子 女子
学級で影響力の大きい生徒、陰で仕切るような生徒（番号と簡単な説明） 男子 女子
態度や行動が気になる生徒（番号と簡単な説明）
プロットの位置が教員の日常観察からは疑問に感じる生徒（番号と簡単な説明）
学級内の小グループを形成する生徒（番号と簡単な説明） 男子 女子
4群にプロットされた生徒に共通する特徴 満足群 非承認群 侵害行為認知群 不満足群
担任の方針 学級経営 授業の展開

「クラスの現状シート」河村茂雄他企画・編集『Q-Uによる学級経営スーパーバイズ・ガイド』（図書文化）より

いか。
・侵害行為認知群・学級生活不満足群の中に、浮いている子どもやいじめ被害はないか。
・非承認群・学級生活不満足群の中に、目立たないので教員が見過ごしていた意欲が低下した子どもがいないか。
　担任の先生一人でなく、学年や学校で検討する場合は次の点を押さえましょう。
・解決志向で具体的な援助を考え、有効であったかを検証しつつ、継続的に検討する。「何に取り組むかを見極め、今日からどう援助するか」に焦点を合わせましょう。
・個人→グループ→全体の順で検討し、使える策を実行しましょう。

　第１段階は、事例全体の事実から解決を構築する視点でまとめます。解決志向を忘れると、担任の個人責任を責めるような会議に陥ってしまいます。
①進め方の説明をする。
②各参加者が質問して、解決像やリソースの情報収集をする。
　第２段階は、どこに焦点を合わせ、どう援助すると有効かを考えていく段階です。
③個人での検討。
④小グループでの検討。
⑤全体での検討。
　第３段階は、効果的な対応を具体的にまとめる段階です。
⑥事例提供者の報告と自己評価。
⑦質疑応答。
⑧全体で「誰が、いつから、どんな方法で、どんな支援を行うか」を確認し、次回の検討会議までになすべきことを明らかにする。

資料　更なる学びへの招待

初めて学ぶ方向けの「一押し」に限定して紹介します。

構成的グループエンカウンター
〈本で学ぶなら〉
・國分康孝・國分久子総編集『構成的グループエンカウンター事典』図書文化、2004年
　分厚い本ですが、理論的なことから具体的な実践まで「広く深く」1冊で学びたいという方にお勧めです。

〈DVD等で学ぶなら〉
・國分康孝・國分久子監修「構成的グループエンカウンター 『ジェネリック』の思想と実践　全3巻」(株) テレマック (DVD)

〈研修を受けるなら〉
　図書文化のホームページの「カウンセリング」を見ていくと、定評のある講師陣の研修案内やネットワーク欄があります。私を含め、相手のOKがあれば、アドバイスを受けたり研修の講師を依頼することも可能でしょう。
　私が主催する「教育カウンセリング心理学研究会」でも定期的に研修をしています。

ソリューション・フォーカスト・アプローチ
〈本で学ぶなら〉
・森俊夫・黒沢幸子『〈森・黒沢のワークショップで学ぶ〉解決志向ブリーフセラピー』ほんの森出版、2002年
・森俊夫『先生のためのやさしいブリーフセラピー』ほんの森出版、2000年
　ソリューション・フォーカスト・アプローチの創始者の翻訳本も含め、い

ろいろな先生の本がありますが、「よくわかって、実践の意欲が湧いてくる」この2冊が特にお勧めです。

〈ビデオ等で学ぶなら〉

・「インスー・キム・バーグのソリューション・フォーカスト・アプローチ面接」カウンセリングSoFT（ビデオ）

〈研修を受けるなら〉

　黒沢幸子先生がいらっしゃるKIDSカウンセリング・システムの研修がお勧めです。

ソーシャルスキル教育

〈本で学ぶなら〉

・相川充・佐藤正二編『実践！　ソーシャルスキル教育　小学校』図書文化、2005年
・相川充・佐藤正二編『実践！　ソーシャルスキル教育　中学校』図書文化、2006年

　長年の実践と研究に裏付けられたアセスメントや実践のワークシート類が豊富で、使いやすさからこの本をお勧めします。

〈研修を受けるなら〉

　私が主催する「教育カウンセリング心理学研究会」のネオ・キラキラプログラムの研修がお勧めです。

選択理論心理学

〈本で学ぶなら〉

・ウイリアム・グラッサー著、柿谷正期訳『グラッサー博士の選択理論』アチーブメント出版、2000年

　入門書というにはかなり分厚い本ですが、理論編と実践編があり、創始者であるグラッサー博士によって、よくわかるように書かれています。

・ウイリアム・グラッサー著、柿谷正期訳『あなたの子どもが学校生活で必ず成功する法』アチーブメント出版、2001年

〈DVD等で学ぶなら〉
・柿谷正期監修「DVDで学ぶ選択理論―基礎から日常生活における応用まで」アチーブメント

〈研修を受けるなら〉
　日本リアリティセラピー協会（NPO法人）のホームページをご覧になるとよいでしょう。少人数による5段階の研修で力がつくように構成されています。この研修でふんだんに実施されるロールプレイ研修は、本当に実力が付きます。各地に支部組織があり、受講後も継続して支援を受けることができます。

Q-U

〈本で学ぶなら〉
・河村茂雄『学級づくりのためのQ-U入門』図書文化、2006年
　Q-Uに初めて取り組む方用に書かれた「簡にして要」を得た入門書です。
・河村茂雄ほか企画編集『Q-Uによる学級経営スーパーバイズ・ガイド』図書文化、2004年
　小学校編、中学校編、高等学校編の3冊があります。「Q-Uを実施したが、分析方法がわからない」ときの強い味方になります。

〈研修を受けるなら〉
　図書文化のホームページから探すことができます。

おわりに

きちっと学んで実践を

　カウンセリングを学びだした頃、講師自らが公開授業をする「構成的グループエンカウンター」と称する研修に行ったことがあります。そのとき、円の中を動いて相手を見つけてジャンケンし、勝ったら順番に座っていくという場面がありました。気の弱そうな子どもが一人オロオロとしていて、結局最後まで座れないでいました。私はその子がかわいそうだったのですが、「ペアを決めるのに仕方ないのかなぁ」と思っていました。

　そのうち、やっとその子も座ることができたのですが、その途端、講師が「もう一回」と言ったのです。その子は泣きそうな顔で、また最後までウロウロするはめになりました。

　すると、ジャンケンに勝って座っていた力のありそうな子が、「おい○○、こっちに来いよ。ジャンケンしてやるわ」とあざけるように声をかけました。そのとき講師は、こともあろうに「ほら『ジャンケンしてやるわ』って言われてるぞ」と、「グズグズするな」と言わんばかりにその子を急き立てました。

　今なら「それ、おかしいやろ」と割って入ると思うのですが、その頃は私も情けないことに初学者だったので、その指導の意味を質問することしかできませんでした。「あれでクラスの問題が浮き彫りになったのだ」という答えでした。そんなこと、研究授業で改めて明らかにしてもらわなくてもよいことですし、後から考えると講師がそういった学級風土を促進していたのです。

　その後、何度も「本物の」エンカウンターの研修に参加しましたが、その講師を見かけることはありませんでしたし、参加者に聞いても誰も彼を知りませんでした。きっと、何か他のことを学んで「エンカウンターも同じよう

なものだろう」という思い込みで講師をしたのではないかと思います。

このようなことを防ぐには、講師を招く側にも見識が必要です。県の研修で「その人は教育相談をやっていたの？　今も仕事は違う部署じゃなかった？」という指導主事が事例検討の研修を担当し、参加者が混乱したという話もありました。

また、先生方が行うカウンセリングで私が気になることは、ソーシャルスキル教育にしろエンカウンターにしろ、「パパッと資料を読んで、パパっとやってみる」安易な取り組み方をする先生が少なくないことです。笑い話ですむくらいの失敗ならまだしも、陰で泣いている子どもがいるようでは、やらないほうがましです。

何事もきちんと学んで実践することが基本ですし、それができてから人に伝えることが大切です。私が「教えることで自分自身が一番学べる」と言うのは、きちんと教えられるレベルまで自分を高めることが前提です。「適当な勉強でも、他の先生に伝えているうちに上手くなる」ということでは決してないことを強調しておきます。

もちろん、学ぶときは「よい師」を選ぶことが、肝心です。

自己投資して学び続けよう

この本は、教員が学校で使えるカウンセリングを効果的に学ぶための入り口と、そこを入ったあたりをお示しすることが目的です。この本で紹介した以上のことは、やはり講師と対面で学ばれることをお勧めします。

学ぶ目的をしっかり持つことができたら、忙しい仕事や生活のやり繰りをして、休みの日に身銭を切って「本物」に触れて学ぶことが重要です。そういう意味で、私はエンカウンターを國分康孝先生に、選択理論心理学を柿谷正期先生に、ソリューションを森俊夫先生にと、「当代随一」の方に学べたことは幸運でした。ここまでやってこられたのも、「日本にこれ以上の人はいない」と言われる超一流の師に学べたことが大きかったと思います。

共に学び続けましょう

國分先生は「何事も10年間、真剣に取り組めばモノになる」と教えてくだ

さいました。10年間を過ぎた頃、確かに「少しはモノになってきた」という気持ちを得られるようになりました。そして、幼少の頃のあこがれであった大学の先生になることもできました。

とは言え、私が思い描いていた「学校で活かすカウンセリングを極めた大学の先生」には届いていません。いまどきの大学の先生って、意外に多忙なのです。私は、授業を大切にしたいので、講義の準備に時間が結構取られますし、大学でも「校務分掌」と似た仕事がいろいろあって、カウンセリングを「極める」ことになかなか時間が回せないのです。この本の改訂を新たな起点として、学びを深めていこうと誓っています。

以前、1年しか教えることができなかった函館大学の学生たちに「申し訳ない」と謝ったことがあります。そのとき彼らは「我々は先生の教え子だということを誇りに思っている」と励ましてくれました。その声は、今でも聞こえてきて、私をシャンとさせてくれます。

関西国際大学時代の教え子には、再会したときに「二度と我々の前から消えないでください」と言われました。その声を受け止めて「教育カウンセリング心理学研究会」という名の勉強会をつくりました。2012年に始め、今でも月1回集まって、エンカウンターやソーシャルスキル教育、キャリア教育、事例検討、ロールプレイ、読書会などの企画で研鑽を積んでいます。

この本は、当初、不登校やキャリア教育、効果的な事例検討などについても触れたかったのですが、紙幅の関係で割愛せざるを得ませんでした。現在、研究会の仲間と、子どもたちの幸福な人生の実現を後押しするために、エンカウンターとソーシャルスキル教育を系統的に組織した新教育プログラムの「キラキラプログラムⅠ」を作成、実施しながら効果測定を重ねています。また、キャリア教育プログラムである「キラキラプログラムⅡ」の運用も始めていますし、学級会・HRを活性化させる目的の「キラキラプログラムⅢ」、いじめ等のスペシフィックな課題に取り組む「キラキラプログラムⅣ」の作成にも取り組んでいます。学会発表も一緒にやったりして、カウンセリングを学ぶ仲間の成長する姿と共にあることに生きがいを感じます。

生きることは、互いの思いを受け止めながら歩み続けることだと、出会った先生や教え子の言葉を噛み締めています。そして、「共に学び、共に生き

る」ことを教えられ、幾分かは実践できてきたかと思っています。

　今でもへこたれそうになることが多い私ですが、挫けそうになっても「ここで終わりじゃない。今に見とけよ」という気合が出て来るのが、「いい年をして」と自分でも頼もしいというか可笑しくなります。そして、「このファイトって、カウンセリングを勉強したおかげだな」とニッコリしているのに気づきます。

　読者の皆さん、お読みいただきありがとうございます。これからも共に学んでまいりましょう。研究会に興味のある方は、下記にご連絡ください。
　kirapro12@gmail.com

感　謝

　「自分の学びと実践を本にする」という大望をかなえてくれた上に、改訂版を出せるまでにこの本を育ててくれた、ほんの森出版の皆様にお礼申します。

　そして、私のカウンセリングの師である先生方や一緒に学んでくださっている教育カウンセリング心理学研究会の皆さんにお礼申し上げます。

　最後に、「教育委員会を退職し、大学教員をめざしたい」と相談したときに、「決めたら、サクサク進め」と勇気づけてくれた私の配偶者と、独立独歩で育っていく心温かい4人の息子たちに感謝を捧げます。

米田　薫（よねだ　かおる）
　大阪市出身
　大阪教育大学大学院教育学研究科学校教育専攻（教育学専修）修了
　公立中学校教諭、市教育委員会指導主事、函館大学助教授等を経て、現在、大阪成蹊大学大学院教授
　　博士（臨床教育学）、臨床心理士、公認心理師、上級教育カウンセラー

主著
『教育心理学』田中智志・橋本美保／監修　遠藤司／編著　分担執筆　一藝社　2014年
『教育支援センター（適応指導教室）スタッフガイド』米田薫監修　三重県教育委員会　2012年
『教師カウンセラー・実践ハンドブック』上地安昭編著　分担執筆　金子書房　2010年

連絡先　kirapro12@gmail.com

カバー・表紙イラスト　菅　真里奈

改訂版　厳選！　教員が使える５つのカウンセリング

2019年３月20日　初　版　発行
2023年３月20日　第２版　発行

著　者　米田　薫
発行人　小林敏史
発行所　ほんの森出版株式会社
　　　　〒145-0062　東京都大田区北千束 3-16-11
　　　　Tel 03-5754-3346　　Fax 03-5918-8146
　　　　ホームページ　https://www.honnomori.co.jp

Ⓒ Yoneda Kaoru 2019 Printed in Japan　　印刷・製本所　電算印刷株式会社
ISBN 978-4-86614-111-4 C3037　　落丁・乱丁はお取り替えします